새로운 도서, 다양한 자료
동양북스 홈페이지에서 만나보세요!

홈페이지 활용하여 외국어 실력 두 배 늘리기!

홈페이지 이렇게 활용해보세요!

1 도서 자료실에서 학습자료 및 MP3 무료 다운로드!

❶ 도서 자료실 클릭
❷ 검색어 입력
❸ MP3, 정답과 해설, 부가자료 등
  첨부파일 다운로드

* 원하는 자료가 없는 경우 '요청하기' 클릭!

2 동영상 강의를 어디서나 쉽게! 외국어부터 바둑까지!

500만 독자가 선택한

가장 쉬운
독학 일본어 첫걸음
14,000원

가장 쉬운
독학 중국어 첫걸음
14,000원

가장 쉬운
독학 베트남어 첫걸음
15,000원

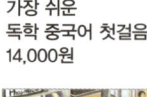

가장 쉬운
독학 스페인어 첫걸음
15,000원

가장 쉬운
프랑스어 첫걸음의 모든 것
17,000원

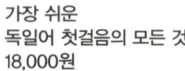

가장 쉬운
독일어 첫걸음의 모든 것
18,000원

가장 쉬운
스페인어 첫걸음의 모든 것
14,500원

버전업! 가장 쉬운
베트남어 첫걸음
16,000원

버전업! 가장 쉬운
태국어 첫걸음
16,800원

첫걸음 베스트 1위!

가장 쉬운
러시아어 첫걸음의 모든 것
16,000원

가장 쉬운
이탈리아어 첫걸음의 모든 것
17,500원

가장 쉬운
포르투갈어 첫걸음의 모든 것
18,000원

가장 쉬운
터키어 첫걸음의 모든 것
16,500원

버전업! 가장 쉬운
아랍어 첫걸음
18,500원

가장 쉬운
인도네시아어 첫걸음의 모든 것
18,500원

가장 쉬운
영어 첫걸음의 모든 것
16,500원

버전업! 굿모닝
독학 일본어 첫걸음
14,500원

가장 쉬운
중국어 첫걸음의 모든 것
14,500원

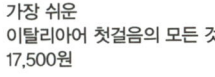

가장 쉬운 독학 중국어 첫걸음

가장 쉬운 독학 일본어 첫걸음

오늘부터는 팟캐스트로 공부하자!

팟캐스트 무료 음성 강의

▸1

iOS 사용자

Podcast 앱에서
'동양북스' 검색

▸2

안드로이드 사용자

플레이스토어에서 '팟빵' 등
팟캐스트 앱 다운로드,
다운받은 앱에서
'동양북스' 검색

▸3

PC에서

팟빵(www.podbbang.com)에서
'동양북스' 검색
애플 iTunes 프로그램에서
'동양북스' 검색

◉ **현재 서비스 중인 강의 목록** (팟캐스트 강의는 수시로 업데이트 됩니다.)

- 가장 쉬운 독학 일본어 첫걸음
- 페이의 적재적소 중국어
- 가장 쉬운 독학 중국어 첫걸음
- 중국어 한글로 시작해
- 가장 쉬운 독학 베트남어 첫걸음

주니어 일본어 붐붐

김연수 · 이토 교코 지음

동양북스

주니어일본어 붐붐

초판 30쇄 | 2018년 2월 10일

지은이 | 김연수
발행인 | 김태웅
편집장 | 강석기
편 집 | 신선정, 김효은
디자인 | 방혜자, 이미영, 김효정, 서진희
마케팅 총괄 | 나재승
마케팅 | 서재욱, 김귀찬, 이종민, 오승수, 조경현
온라인 마케팅 | 김철영, 양윤모
제 작 | 현대순
총 무 | 전민정, 안서현, 최여진, 강아담
관 리 | 김훈희, 이국희, 김승훈, 이규재

발행처 | 동양북스
등 록 | 제10-806호(1993년 4월 3일)
주 소 | 서울시 마포구 동교로22길 12 (04030)
전 화 | (02)337-1737
팩 스 | (02)334-6624

http://www.dongyangbooks.com
http://www.dongyangTV.com

ISBN 89-8300-363-4 03730

머리말

　글로벌 공동체를 향해 나아가는 지금의 세계는 국가와 국가 사이의 장벽이 빠른 속도로 허물어지고 있습니다. 그리고 글로벌 공동체를 이루는 데에 가장 기본이 되는 것은 역시 의사 소통이라 하겠습니다.

　그런데 대부분의 분야가 기술적인 방법으로 풀 수 있는 것인 데에 비해, 의사 소통이 핵심인 언어 분야 만큼은 쉽게 해결되지 않는 제약이 따릅니다. 따라서 어학 학습은 각 개인이 해결해야 하는 문제이면서도 가장 까다로운 문제로 남아 있는 것입니다.

　본서는 일본어를 학습하려는 초중고등학생을 대상으로 만들어진 기초 학습 교재입니다.

　10여 년에 걸쳐 EBS를 비롯한 각종 방송 매체와 일선 학교 및 학원, 기업체 등에서 일본어를 가르치면서 얻은 저만의 학습 노하우를 본서에 담았습니다. 특히 초중고등학생들의 학습에 초점을 맞추어, 일본어를 마스터하게 해 준다기보다는 좀더 빨리 일본어에 흥미를 가질 수 있게 함으로써 학습 의욕이 저절로 솟아나게 하는 데에 역점을 두었습니다.

　모든 문장은 일상회화에서 가장 많이 쓰이는 우선 순위 문장으로 배치하고 각 문장마다 그림을 넣어 상황 이해에 도움이 되도록 하였습니다. 따라서 각 회화 문장은 실생활에서 그대로 활용이 가능하여, 유사한 상황에서 익힌 내용이 연상되도록 하였습니다.

　한편, 본서에 대해 동영상 강좌를 만들어 독학하는 사람에게 많은 도움을 주는 것은 물론, 학교나 학원에 다니는 경우는 수업의 예습 및 복습 도구로 활용하면 큰 학습 효과를 거둘 수 있을 것입니다.

　모쪼록 이 책을 학습하시는 여러분이 일본어의 기초를 확실하게 다지고 기본 회화가 가능하며 더 나아가 향후 일본어 학습에 많은 도움이 되기를 기대합니다.

2004년 1월 저자

이렇게 해 보세요

주요 회화
각 과에서 배워야 할 핵심 표현으로, 각 과의 첫 페이지예요. 그림을 보면서 상황을 이해하고 큰 소리로 읽어 보세요.

즐거운 회화
일상 생활에서 가장 많이 쓰이는 우선 순위 회화를 그림과 함께 실었습니다. 그림 속의 상황을 보면서 선생님이나 친구 또는 가족과 함께 대화해 보세요.

얼마나 어렵나요?
각 과의 내용이 단어, 문법, 회화 등의 분야별로 얼마나 쉽고 얼마나 어려운지 알려 주는 곳이에요. ★표가 많을수록 어려워요.

알아 봅시다
각 과에 나온 문법을 간명하고 쉽게 이해할 수 있게 했어요. 일본어를 이해하는 데 많은 도움이 될 거예요.

낱말 익히기
각 과에서 새로 나온 낱말들을 한데 모아 정리했어요. 낱말을 많이 알면 아는 만큼 많은 말을 할 수 있겠죠.

풀어 봅시다
한 과의 공부를 마치고 나서 얼마나 잘 익혔는지 스스로 알아 보세요. 잘 모르겠는 문제는 본문을 다시 한번 공부해야 하는 거 알죠!

정답과 모범 답안
'풀어 봅시다'에 나온 문제들의 해답을 책 맨 뒤에 실어 두었어요. 문제를 푼 후 정답과 맞춰 보고 틀린 문제는 꼭 다시 한번 익혀 두세요.

얼마나 잘 했나요?
얼마나 잘 했는지 표시해 주세요. 찡그린 얼굴은 보기 싫어요. 얼굴이 활짝 웃을 때까지 복습!

놀면서 배워요
신나는 게임도 하고 노래도 부르고 그림도 보면서 더 재미있게 공부할 수 있도록 꾸몄어요. 공부도 놀면서 하세요.

플래시 카드
일본어의 기본 글자들을 한 글자 한 글자 카드로 만들었어요. 그림과 함께 있어서 연상학습이 되어 더 잘 익힐 수 있습니다. 친구들과 글자 빨리 찾기 게임도 해 보세요.

브로마이드
일본어의 기본 글자를 큰 종이에 모두 적었어요. 벽에 붙여 두었다가 틈나는 대로 보면 더 빨리 글자를 익힐 수 있어요.

가나 쓰기 노트
일본어 글자 쓰는 순서와 방법을 익힐 수 있도록 했어요. 필순과 모양에 주의하면서 정성껏 쓰다 보면 글씨를 예쁘게 쓸 수 있어요.

문자와 발음

히라가나

일본어의 기본 글자예요. 별책 부록 '가나 쓰기 노트'와 함께 잘 익히세요.

あ [a]	い [i]	う [u]	え [e]	お [o]
あい 사랑	いえ 집	うえ 위	え 그림	おい 남자 조카

か [ka]	き [ki]	く [ku]	け [ke]	こ [ko]
かお 얼굴	かき 감	きく 국화	いけ 연못	こえ 목소리

さ [sa]	し [shi]	す [su]	せ [se]	そ [so]
あさ 아침	いし 돌	すし 초밥	せき 자리	うそ 거짓말

た [ta]	ち [chi]	つ [chu]	て [te]	と [to]
たこ 문어	くち 입	つくえ 책상	ちかてつ 지하철	とし 나이

な [na]	に [ni]	ぬ [nu]	ね [ne]	の [no]
なし 배	あに 형, 오빠	いぬ 강아지	ねこ 고양이	きのこ 버섯

は [ha]	ひ [hi]	ふ [hu]	へ [he]	ほ [ho]
はな 꽃	ひと 사람	ふね 배	へそ 배꼽	ほし 별
ま [ma]	み [mi]	む [mu]	め [me]	も [mo]
うま 말	うみ 바다	むし 벌레	あめ 비	もち 떡
や [ya]		ゆ [yu]		よ [yo]
やま 산		ゆき 눈		よやく 예약
ら [ra]	り [ri]	る [ru]	れ [re]	ろ [ro]
そら 하늘	りす 다람쥐	くるま 자동차	れんこん 연근	いろ 색깔
わ [wa]			を [wo]	ん [ŋ]
わたし 나, 저			조사로만 쓰임 (〜을/〜를)	きん 금

9

가타카나

'히라가나'는 일반적인 말에, '가타카나'는 주로 외래어에 써요.

ア [a]	イ [i]	ウ [u]	エ [e]	オ [o]
アイス 아이스	イヤリング 귀고리	울트라맨 ウルトラマン	エアコン 에어콘	オムレツ 오믈렛
カ [ka]	キ [ki]	ク [ku]	ケ [ke]	コ [ko]
カメラ 카메라	スキー 스키	크리스마스 クリスマス	ケーキ 케이크	コアラ 코알라
サ [sa]	シ [shi]	ス [su]	セ [se]	ソ [so]
サラダ 샐러드	シーソー 시소	スカート 스커트	セーター 스웨터	ソウル 서울
タ [ta]	チ [chi]	ツ [chu]	テ [te]	ト [to]
タオル 타올	チキン 치킨	ツアー 투어	テレビ 텔레비전	トマト 토마토
ナ [na]	ニ [ni]	ヌ [nu]	ネ [ne]	ノ [no]
バナナ 바나나	テニス 테니스	カヌー 카누	ネクタイ 넥타이	ノート 노트

ハ [ha]	ヒ [hi]	フ [hu]	ヘ [he]	ホ [ho]
하모니카 ハーモニカ	コーヒー 커피	フラフープ 훌라후프	ヘア 헤어	ホテル 호텔
マ [ma]	ミ [mi]	ム [mu]	メ [me]	モ [mo]
マイク 마이크	ミルク 밀크	ホームラン 홈런	メロン 멜론	모노레일 モノレール
ヤ [ya]		ユ [yu]		ヨ [yo]
다이아몬드 ダイヤモンド		ユニホーム 유니폼		ヨガ 요가
ラ [ra]	リ [ri]	ル [ru]	レ [re]	ロ [ro]
ラジオ 라디오	リボン 리본	ルーム 룸	レモン 레몬	ロープ 로프
ワ [wa]			ヲ [wo]	ン [ŋ]
ワルツ 왈츠			해당 단어 없음	ピーマン 피망

■ 청음(清音)

청음은 맑은 소리란 뜻이에요. 선생님을 따라 발음해 보세요.

あ行

あ	い	う	え	お
아[a]	이[i]	우[u]	에[e]	오[o]
ア	イ	ウ	エ	オ

우리말의 '아, 이, 우, 에, 오'와 발음이 같습니다. 단어들도 함께 따라 읽어 보세요.

- あい 사랑
- いえ 집
- うえ 위
- え 그림
- おい 남자 조카

か行

か	き	く	け	こ
카[ka]	키[ki]	쿠[ku]	케[ke]	코[ko]
カ	キ	ク	ケ	コ

자음의 소리가 우리말의 'ㄱ'과 'ㅋ'의 중간 소리이고, 단어의 중간이나 끝에서는 'ㄲ'에 가깝게 발음합니다.

- かお 얼굴
- かき 감
- きく 국화
- いけ 연못
- こえ 목소리

さ行

さ	し	す	せ	そ
사[sa]	시[si]	스[su]	세[se]	소[so]
サ	シ	ス	セ	ソ

우리말의 '사, 시, 스, 세, 소'와 비슷하게 발음합니다.

- あさ 아침
- いし 돌
- すし 초밥
- せき 자리
- そと 밖

た行

た	ち	つ	て	と
타[ta]	치[chi]	츠[chu]	테[te]	토[to]
タ	チ	ツ	テ	ト

첫소리에 올 때는 '타, 치, 츠, 테, 토'에 가깝게 발음하고, 단어 중간이나 끝에 올 때는 '따, 찌, 쯔, 떼, 또'와 가깝게 발음합니다.

- たこ 문어
- くち 입
- つくえ 책상
- ちかてつ 지하철
- とし 나이

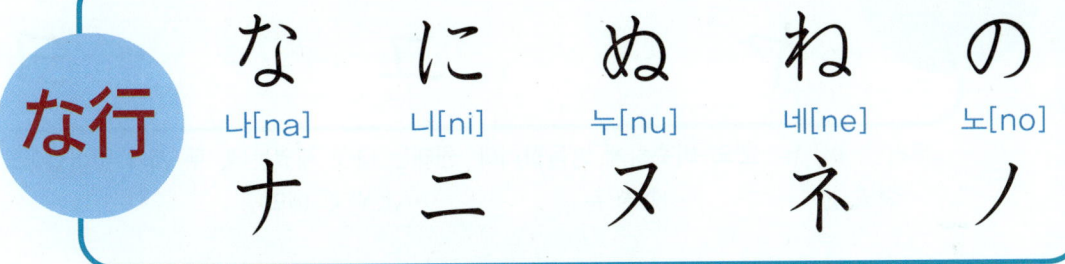

な行

な	に	ぬ	ね	の
나[na]	니[ni]	누[nu]	네[ne]	노[no]
ナ	ニ	ヌ	ネ	ノ

우리말 '나, 니, 누, 네, 노'와 비슷하게 발음합니다.

- なし 배
- あに 형, 오빠
- いぬ 강아지
- ねこ 고양이
- きのこ 버섯

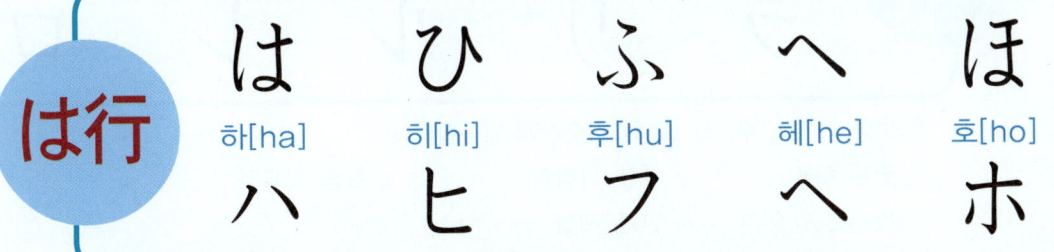

は行

は	ひ	ふ	へ	ほ
하[ha]	히[hi]	후[hu]	헤[he]	호[ho]
ハ	ヒ	フ	ヘ	ホ

우리말 '하, 히, 후, 헤, 호'와 비슷하게 발음합니다.

- はな 꽃
- ひと 사람
- ふね 배
- へそ 배꼽
- ほし 별

ま行

ま	み	む	め	も
마[ma]	미[mi]	무[mu]	메[me]	모[mo]
マ	ミ	ム	メ	モ

우리말 '마, 미, 무, 메, 모'와 비슷하게 발음합니다.

- うま 말
- うみ 바다
- むし 벌레
- あめ 비
- もち 떡

や行

や		ゆ		よ
야[ya]		유[yu]		요[yo]
ヤ		ユ		ヨ

우리말 '야, 유, 요'와 비슷하게 발음합니다. 원래는 다섯 개였는데, 두 개가 없어졌어요.

- やま 산
- ゆき 눈
- よやく 예약

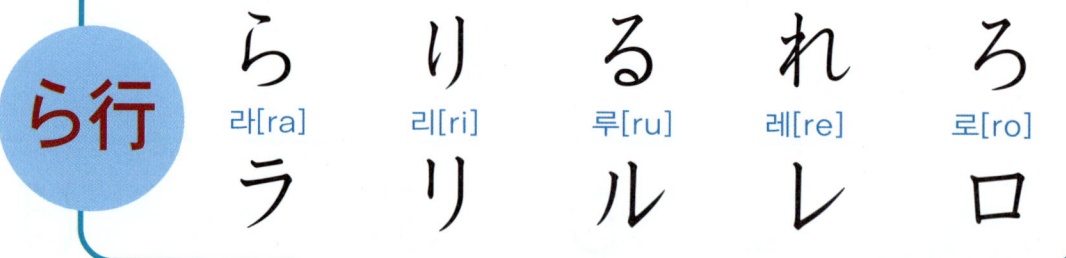

ら行

ら	り	る	れ	ろ
라[ra]	리[ri]	루[ru]	레[re]	로[ro]
ラ	リ	ル	レ	ロ

우리말 '라, 리, 루, 레, 로'와 비슷하게 발음합니다.

- そら 하늘
- りす 다람쥐
- くるま 자동차
- れんこん 연근
- いろ 색깔

わ行	わ 와[wa] ワ		を 오[wo] ヲ		ん 응[ŋ] ン

「わ」는 우리말 '와'와 같이 발음합니다. 「を」는 '오'라고 발음하는데, 이 글자는 '~을(를)'의 뜻을 나타내는 조사로만 쓰입니다. 「ん」의 발음은 몇 가지가 있는데, 조금 있다가 배웁니다. 우선은 '응'이라고 알아 둡시다.

- わたし 나, 저
- きん 금

■ 탁음(濁音)·반탁음(半濁音)

탁음과 반탁음은 탁하게 나는 소리란 뜻이에요. 탁음에는 '탁점(")'이 붙고, 반탁음에는 '반탁점(˚)'이 붙어요. 녹음의 발음을 잘 따라서 연습하세요.

が行	が 가[ga] ガ	ぎ 기[gi] ギ	ぐ 구[gu] グ	げ 게[ge] ゲ	ご 고[go] ゴ

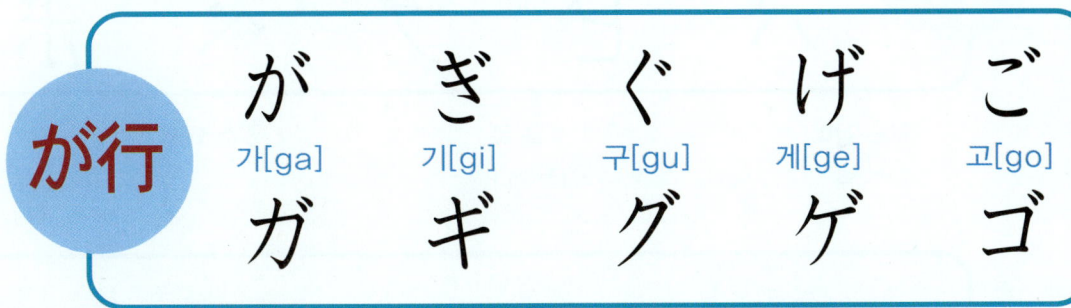

- かがみ 거울
- かぎ 열쇠
- すぐ 곧, 바로
- かげ 그늘, 그림자
- まご 손자

ざ行	ざ 자[za] ザ	じ 지[zi] ジ	ず 즈[zu] ズ	ぜ 제[ze] ゼ	ぞ 조[zo] ゾ

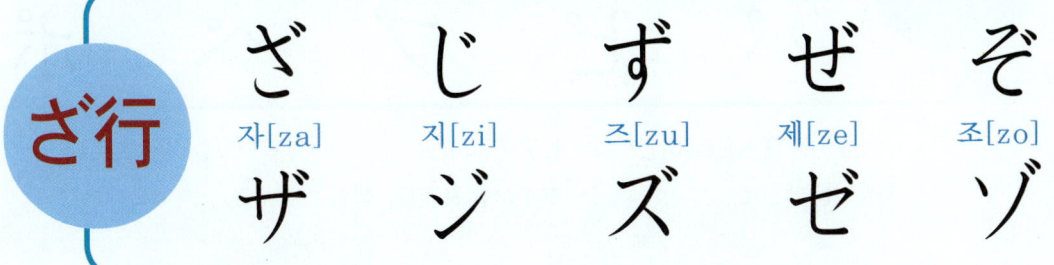

- ひざ 무릎
- ひじ 팔꿈치
- かず 수, 숫자
- かぜ 바람, 감기
- かぞく 가족

だ行

だ	ぢ	づ	で	ど
다[da]	지[zi]	즈[zu]	데[de]	도[do]
ダ	ヂ	ヅ	デ	ド

- だれ 누구
- そで 소매
- はなぢ 코피
- まど 창문
- つづく 계속되다

ば行

ば	び	ぶ	べ	ぼ
바[ba]	비[bi]	부[bu]	베[be]	보[bo]
バ	ビ	ブ	ベ	ボ

- ばら 장미
- かべ 벽
- くび 목
- ぼく 나
- ぶた 돼지

ぱ行

ぱ	ぴ	ぷ	ぺ	ぽ
파[pa]	피[pi]	푸[pu]	페[pe]	포[po]
パ	ピ	プ	ペ	ポ

- パスポート 패스포트(여권)
- ペイント 페인트
- ピアノ 피아노
- ポイント 포인트, 핵심
- プリンター 프린터

■ 요음(拗音)

「い段」의 글자(いきしちにひみりぎじぢびぴ) 옆에 「や, ゆ, よ」를 조그맣게 써서 표기합니다. 녹음을 잘 듣고 발음을 연습합시다.

きゃ (kya) (키+야⇒캬)	きゅ (kyu) (키+유⇒큐)	きょ (kyo) (키+요⇒쿄)	にゃ (nya) (니+야⇒냐)	にゅ (nyu) (니+유⇒뉴)	にょ (nyo) (니+요⇒뇨)
ぎゃ (gya) (기+야⇒갸)	ぎゅ (gyu) (기+유⇒규)	ぎょ (gyo) (기+요⇒교)	ひゃ (hya) (히+야⇒햐)	ひゅ (hyu) (히+유⇒휴)	ひょ (hyo) (히+요⇒효)
しゃ (sya) (시+야⇒샤)	しゅ (syu) (시+유⇒슈)	しょ (syo) (시+요⇒쇼)	びゃ (bya) (비+야⇒뱌)	びゅ (byu) (비+유⇒뷰)	びょ (byo) (비+요⇒뵤)
じゃ (zya) (지+야⇒쟈)	じゅ (zyu) (지+유⇒쥬)	じょ (zyo) (지+요⇒죠)	ぴゃ (pya) (피+야=>퍄)	ぴゅ (pyu) (피+유⇒퓨)	ぴょ (pyo) (피+요⇒표)
ちゃ (chya) (치+야⇒챠)	ちゅ (chyu) (치+유⇒츄)	ちょ (chyo) (치+요⇒쵸)	みゃ (mya) (미+야⇒먀)	みゅ (myu) (미+유⇒뮤)	みょ (myo) (미+요⇒묘)
ぢゃ (zya) (지+야⇒쟈)	ぢゅ (zyu) (지+유⇒쥬)	ぢょ (zyo) (지+요⇒죠)	りゃ (rya) (리+야⇒랴)	りゅ (ryu) (리+유⇒류)	りょ (ryo) (리+요⇒료)

- おきゃく 손님
- じしょ 사전
- ぐにゃぐにゃ 누글누글
- みゃく 맥(박)
- ぎゃく 역(逆), 반대

- しゅみ 취미
- おちゃ (마시는) 차
- ひゃく 백(100)
- りゃく 생략
- じゃま 방해

■ 촉음(促音)

「つ」를 정상 크기의 반 만하게 (「っ」) 표기하여, 우리말의 받침 소리처럼 발음하는 규칙.

1. 'ㄱ'받침이 되는 경우

촉음 뒤에 「か, き, く, け, こ」등의 글자가 올 때.

- いっかい 일 층
- きっかけ 계기
- いっき 단순에 마심
- がっき 악기
- いっこ 한 개

2. 'ㅂ' 받침이 되는 경우

촉음 뒤에 「ぱ, ぴ, ぷ, ぺ, ぽ」등의 글자가 올 때.

- いっぱい 가득
- いっぴき 한 마리
- きっぷ 표
- しっぽ 꼬리

3. 'ㅅ' 받침이 되는 경우

촉음 뒤에 「さ, し, す, せ, そ」「た, ち, つ, て, と」등의 글자가 올 때.

- いっさい 한 살
- ざっし 잡지
- けっせき 결석
- さっそく 즉시
- きって 우표
- おっと 남편

■ 발음(撥音)

「ん」을 우리말의 받침 소리처럼 발음하는 규칙.

1. 'ㄴ' 받침이 되는 경우

「ん」뒤에 「さ행, ざ행, た행, だ행, な행, ら행」의 글자가 올 때.

- しんせつ 친절
- ぎんざ 긴자(일본의 지명)
- せんたく 세탁
- もんだい 문제
- おんな 여자
- けんり 권리

2. 'ㅁ' 받침이 되는 경우

「ん」뒤에 「ま행, ば행, ぱ행」의 글자가 올 때.

- さんまい 세 장
- けんぶつ 구경
- しんぱい 걱정
- えんぴつ 연필
- さんぽ 산책

3. 'ㅇ' 받침이 되는 경우

「ん」뒤에 「あ행, か행, が행, や행, わ행」의 글자가 올 때나 단어의 맨 뒤에 올 때.

- れんあい 연애
- ぎんこう 은행
- おんがく 음악
- ほんや 서점
- でんわ 전화
- おきゃくさん 손님

■ 장음(長音)

어떤 특정한 글자를 길게 끌어 발음하는 규칙.

1 'あ단'의 글자 뒤에 오는 모음 「あ」를 길게 끌어 발음한다.
- おか**あ**さん 엄마
- おば**あ**さん 할머니

2 'い단'의 글자 뒤에 오는 모음 「い」를 길게 끌어 발음한다.
- おに**い**さん 형, 오빠
- おじ**い**さん 할아버지

3 'う단'의 글자 뒤에 오는 모음 「う」를 길게 끌어 발음한다.
- く**う**き 공기
- す**う**がく 수학
- ふ**う**せん 풍선

4 'え단'의 글자 뒤에 오는 모음 「え」와 「い」를 길게 끌어 발음한다.
- おね**え**さん 언니, 누나
- せん**せい** 선생님 * 센세이(×), 센세-(○)
- **えい**が 영화 * 에이가(×), 에-가(○)

5 'お단'의 글자 뒤에 오는 모음 「お」와 「う」를 길게 끌어 발음한다.
- と**お**い 멀다
- と**お**り 길
- お**とう**と 남동생 * 오또우또(×), 오또-또(○)
- お**とう**さん 아버지 * 오또우상(×), 오또-상(○)

본 문

즐거운 회화

1 いただきます。
잘 먹겠습니다.

2 ごちそうさまでした。
잘 먹었습니다.

3 いってきます。
다녀오겠습니다.

 いってらっしゃい。
다녀오너라.

4  아침에 만났을 땐 이렇게 인사해요.

 みなさん！ おはよう！
여러분 안녕!

 せんせい
先生！
おはようございます！
선생님, 안녕하세요!

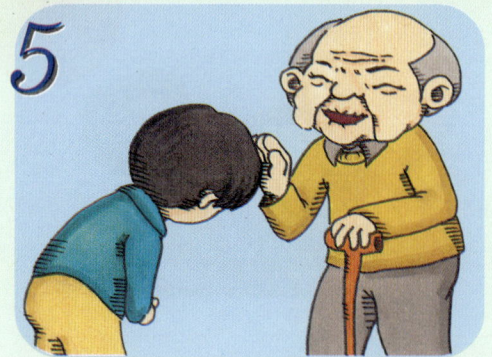

5

낮에 만났을 땐 이렇게 인사해요.

 こんにちは！
안녕하세요!

 こんにちは！
안녕!

6

 ありがとう！
고맙다 얘야!

 どういたしまして。
아니에요.

7

 せんせい
先生！
ありがとうございます！
선생님, 고맙습니다!

 どういたしまして。
고맙긴.

8

 すみません。
죄송해요!

 だいじょうぶです。
괜찮아요.

9

 じゃあね！
잘 가!

 バイバイ！
바이 바이!

10

 おつかれさま！
수고했어요!

 おつかれさまでした！
고생하셨어요!

 ただいま。
다녀왔습니다.

 おかえりなさい。
잘 다녀왔니.

12 밤에 만났을 땐 이렇게 인사해요.

 こんばんは！
안녕하세요!

 こんばんは！
안녕하세요!

 おやすみなさい。
안녕히 주무세요.

 おやすみ。
잘 자거라.

풀어 봅시다

I. 다음 인사말과 어울리는 그림을 고르세요.

1) いただきます。 (　　)　　2) ありがとうございます。(　　)

3) じゃあね。　　　 (　　)　　4) ごちそうさまでした。 (　　)

5) すみません。　　 (　　)

II. 다음 그림과 어울리는 인사말을 말해 보세요.

 참 잘했어요
 보통이에요
 더 노력하세요

Ⅲ. 주고받는 인사말로 어울리는 것끼리 선으로 잇고 말해 보세요.

1
おやすみ。

2
いってきます。

3
ただいま。

4
またね。

5
すみません。

6
ありがとう
ございます。

a
だいじょうぶです。

b
おやすみなさい。

c
バイバイ！

d
おかえりなさい。

e
どういたしまして。

f
いってらっしゃい。

２ お名前は何ですか。

성함이 어떻게 되세요?

名前は なに？

이름은 뭐야?

ジヘよ。
どうぞ よろしく。

지혜라고 해. 잘 부탁해.

즐거운
회화

1

お名前は何ですか。

성함이 어떻게 되세요?

イ・ジンスと もうします。

이진수라고 합니다.

2

はじめまして。キム・スジです。
どうぞ よろしく お願いします。

처음 뵙겠습니다. 김수지입니다. 잘 부탁합니다.

はじめまして。イ・ミンスです。
こちらこそ、どうぞ よろしく。

처음 뵙겠습니다. 이민수입니다.
저야말로 잘 부탁드립니다.

3

こんにちは。わたし、ジヘ。
よろしくね。

안녕! 나는 지혜야. 잘 부탁해.

こんにちは。わたしは、
ミンジ。こちらこそ よろしく。

안녕! 나는 민지, 나도 잘 부탁해.

4  あなたの お国<ruby>は<rt>くに</rt></ruby> どこですか。

あなたの お<ruby>国<rt>くに</rt></ruby>は どこですか。

당신은 어느 나라 사람입니까?

 <ruby>韓国<rt>かんこく</rt></ruby>です。

한국입니다.

5  あなたも <ruby>韓国人<rt>かんこくじん</rt></ruby>ですか。

당신도 한국 사람입니까?

 いいえ、<ruby>中国人<rt>ちゅうごくじん</rt></ruby>です。

아니오, 중국 사람입니다.

6  <ruby>彼女<rt>かのじょ</rt></ruby>も <ruby>中国人<rt>ちゅうごくじん</rt></ruby>ですか。

그녀도 중국 사람입니까?

 いいえ、<ruby>彼女<rt>かのじょ</rt></ruby>は <ruby>日本人<rt>にほんじん</rt></ruby>です。

아니오, 그녀는 일본 사람입니다.

1. ~は ~です。 (~은 ~입니다)

　　わたしは 韓国人<small>(かんこくじん)</small>です。 (저는 한국인입니다.)

2. ~は ~ですか。 (~은 ~입니까?)

　　あなたは 日本人<small>(にほんじん)</small>ですか。 (당신은 일본인입니까?)

3. ~の ~は~です。 (~의 ~은 ~입니다)

　　わたしの 国<small>(くに)</small>は 韓国<small>(かんこく)</small>です。 (저의 나라는 한국입니다.)

4. ~も ~です(か)。 (~도 ~입니다〈까?〉)

　　わたしも 日本人<small>(にほんじん)</small>です。 (저도 일본인입니다.)

　　あなたも 日本人<small>(にほんじん)</small>ですか。 (당신도 일본인입니까?)

낱말익히기

- 名前(なまえ) 이름
- 何(なに／なん) 무엇
- ~です ~입니다
- ~か ~까(의문 조사)
- どうぞ 무엇을 권할 때 쓰는 말
- よろしく 잘
- ~と もうします ~라고 합니다
- はじめまして 처음 뵙겠습니다
- おねがいします 부탁합니다
- こちら 이쪽 (여기에서는 '자신'을 뜻함)
- ~こそ ~야말로
- わたし 나, 저(일인칭)

- あなた 당신(이인칭)
- 国(くに) 나라, 고향
- どこ 어디
- 韓国(かんこく) 한국
- ~も ~도
- 韓国人(かんこくじん) 한국인
- いいえ 아니오 ↔ はい 예
- 中国(ちゅうごく) 중국
- 中国人(ちゅうごくじん) 중국인
- 彼女(かのじょ) 그녀, 그 여자(3인칭)
- 日本(にほん) 일본
- 日本人(にほんじん) 일본인

신나는 세계여행

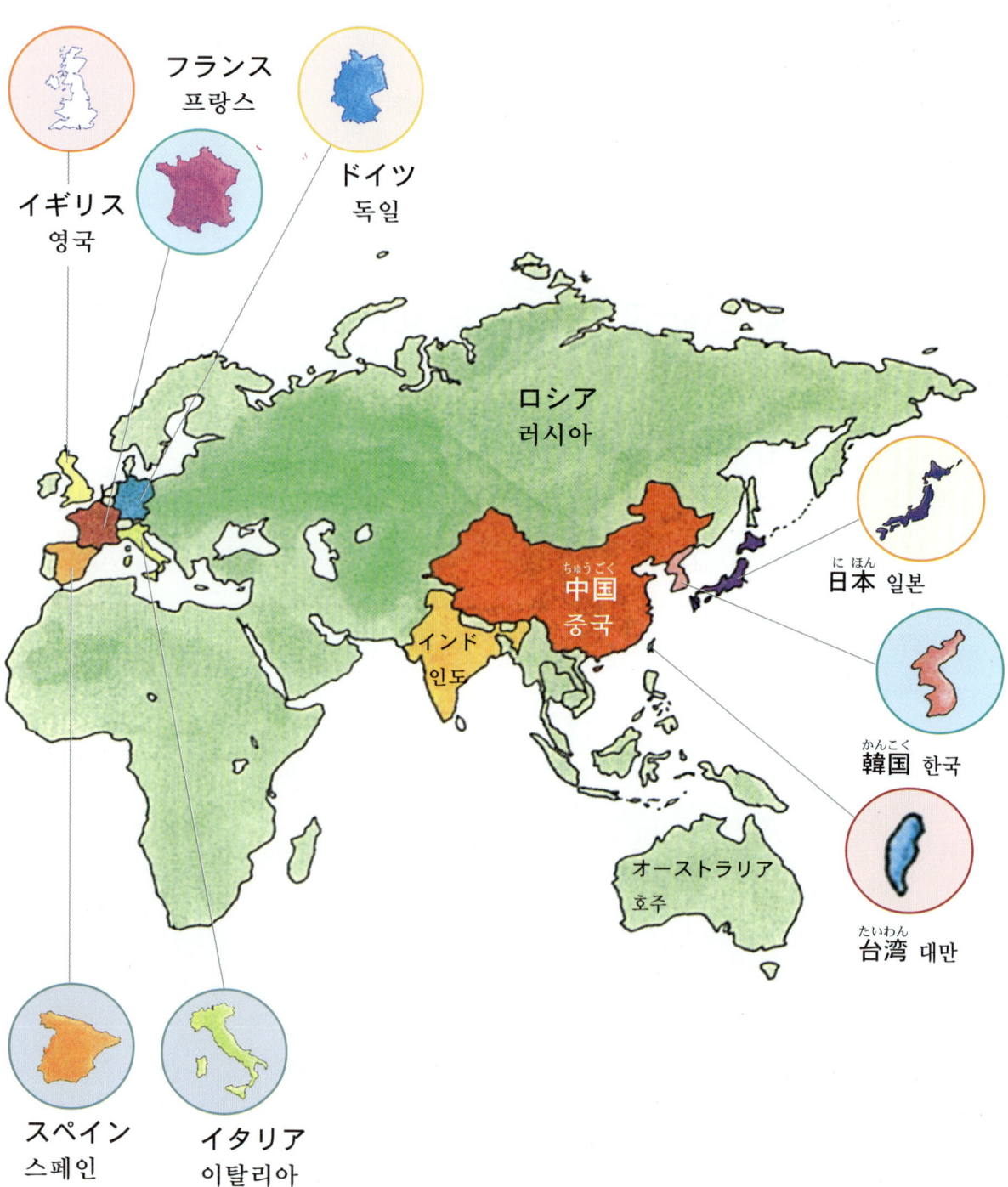

フランス
프랑스

ドイツ
독일

イギリス
영국

ロシア
러시아

日本 일본
に ほん

中国
ちゅうごく
중국

インド
인도

韓国 한국
かんこく

オーストラリア
호주

台湾 대만
たいわん

スペイン
스페인

イタリア
이탈리아

지도를 찾아 보며
세계 여러 나라의 이름을
익혀 보세요!

カナダ
캐나다

アメリカ
미국

メキシコ
멕시코

ブラジル
브라질

풀어 봅시다

I. 다음 지도에 표시된 나라 이름을 말해 보세요.

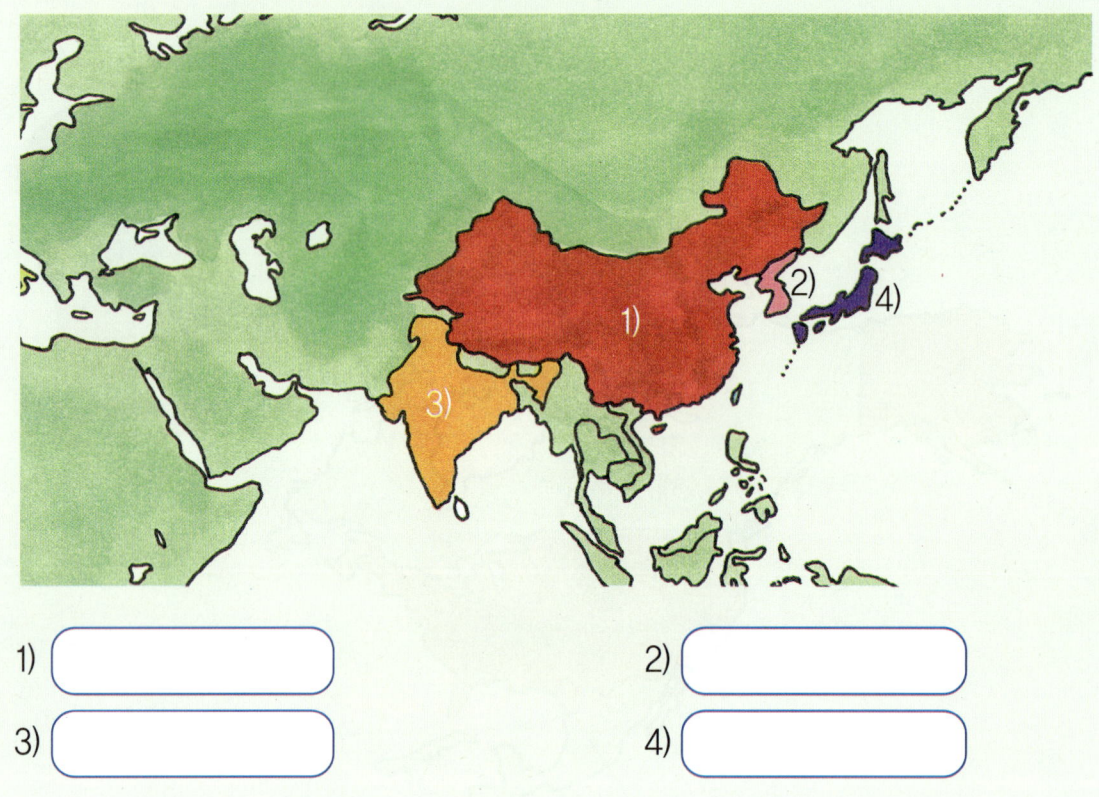

1) [_____]   2) [_____]

3) [_____]   4) [_____]

II. 다음 그림을 보고 빈칸을 채워 말해 보세요.

1) イーさんは _____ です。(한국인)

2) チンさんは _____ です。(중국인)

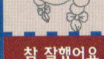

3) 田中さんは ＿＿＿＿＿＿ です。(일본인)

4) ベキーさんは ＿＿＿＿＿＿ です。(영국인)

5) スミスさんは ＿＿＿＿＿＿ です。(미국인)

Ⅲ. 다음 대화의 빈칸을 채워서 말해 보세요.

1) はじめまして。○○○です。

   どうぞよろしく （　　　　　　　　　　　）。

   처음뵙겠습니다. 〈자기 이름〉입니다. 잘 부탁하겠습니다.

2) はじめまして。○○○です。

   （　　　　　　　　　　　）、どうぞよろしく。

   처음뵙겠습니다. ○○○입니다. 저야말로 잘 부탁합니다.

3 これは<ruby>何<rt>なん</rt></ruby>ですか。

이게 뭐예요?

38

즐거운
회화

1

それは<ruby>何<rt>なん</rt></ruby>ですか。
그것은 무엇입니까?

これはノートです。
이것은 노트입니다.

2

それは<ruby>何<rt>なん</rt></ruby>の<ruby>本<rt>ほん</rt></ruby>ですか。
그것은 무슨 책입니까?

これは<ruby>日本語<rt>にほんご</rt></ruby>の<ruby>本<rt>ほん</rt></ruby>です。
이것은 일본어 책입니다.

3

あれはだれのカバン
ですか。
저것은 누구의 가방입니까?

あれはわたしのカバン
です。
저것은 나의 가방입니다.

4

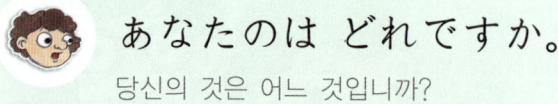 あなたのは どれですか。
당신의 것은 어느 것입니까?

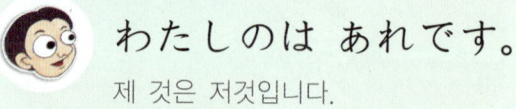 わたしのは あれです。
제 것은 저것입니다.

5

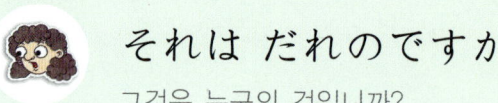 それは だれのですか。
그것은 누구의 것입니까?

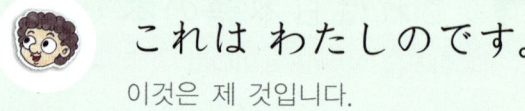 これは わたしのです。
이것은 제 것입니다.

6

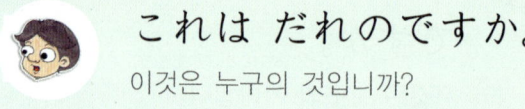 これは だれのですか。
이것은 누구의 것입니까?

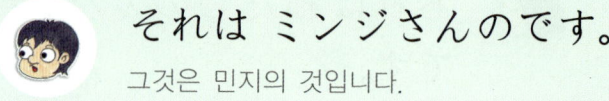 それは ミンジさんのです。
그것은 민지의 것입니다.

지시대명사

	こ(이)	そ(그)	あ(저)	ど(어느)
물건	これ (이 것)	それ (그 것)	あれ (저 것)	どれ (어느 것)
지시	この (이)	その (그)	あの (저)	どの (어느)
방향	こちら (=こっち) (이 쪽)	そちら (=そっち) (그 쪽)	あちら (=あっち) (저 쪽)	どちら (=どっち) (어느 쪽)
방법	こんな (이러한) こう (=こんなに) (이렇게)	そんな (그러한) そう (=そんなに) (그렇게)	あんな (저러한) ああ (=あんなに) (저렇게)	どんな (어떠한) どう (=どんなに) (어떻게)
장소	ここ (여기)	そこ (거기)	あそこ (저기)	どこ (어디)

- 本(ほん) 책
- ～だ ～이다
- ～よ 강조하는 말로, 상대방이 모르는 사실을 알려 준다는 느낌으로 말할 때 씁니다
- ノート(note) 노트
- ～の ❶ ～의. ❷ ～의 것

- 日本語(にほんご) 일본어
- だれ(誰) 누구
- カバン 가방
- ～さん ～씨(이름에 붙여 부르는 말)
- テレビ(television) 텔레비전
- コンピューター(computer) 컴퓨터

✿ 교실 풍경 이름 익히기

❶ せんせい 선생님

❷ がくせい 학생

❸ こくばん 칠판

❹ チョーク 분필

❺ きょうかしょ 교과서

❻ つくえ 책상

❼ ちず 지도

❽ えんぴつ 연필

❾ ふでばこ 필통

❿ けしゴム 지우개

⓫ いす 의자

⓬ カバン 책가방

⓭ じょうぎ 자

⓮ ノート 노트

⓯ はさみ 가위

⓰ のり 풀

⓱ カッター 칼

교실 풍경

풀어 봅시다

I. 다음 그림들의 이름을 말해 보세요.

1)

2)

3)

4)

II. 다음 빈 칸에 들어갈 낱말을 쓰고 말해 보세요.

1) A : これは _____ですか。

   B : _____は つくえです。

2) A : それは _____の いすですか。

   B : _____は わたしの いすです。

3) A : あれは だれ＿＿＿＿＿ですか。

B : ＿＿＿＿＿は ミンスさんのです。

4) A : あなたの カバンは ＿＿＿＿＿ですか。

B : ＿＿＿＿＿の カバンは これです。

Ⅲ. 다음 그림을 보고 일본어로 말해 보세요.

1)

그게 뭐야?

이것은 연필이야.

A :

B :

2)

저것은 뭐야?

저것은 꽃이야.

A :

B :

4 私の家族
나의 가족

私の家族は、父、母、弟、妹、そして私です。

나의 가족은 아빠, 엄마, 남동생, 여동생, 그리고 저입니다.

즐거운 회화

1

 あなたは<ruby>学生<rt>がくせい</rt></ruby>ですか。
당신은 학생입니까?

 はい、<ruby>私<rt>わたし</rt></ruby>は<ruby>学生<rt>がくせい</rt></ruby>です。
예, 학생입니다.

2

 ぼくの<ruby>父<rt>ちち</rt></ruby>は<ruby>警察官<rt>けいさつかん</rt></ruby>だ。
우리 아빠는 경찰관이야.

 ぼくの<ruby>父<rt>ちち</rt></ruby>は<ruby>医者<rt>いしゃ</rt></ruby>だよ。
우리 아빠는 의사야.

3

 お<ruby>母<rt>かあ</rt></ruby>さんの<ruby>職業<rt>しょくぎょう</rt></ruby>は<ruby>何<rt>なん</rt></ruby>ですか。
어머니의 직업은 무엇입니까?

 <ruby>私<rt>わたし</rt></ruby>の<ruby>母<rt>はは</rt></ruby>は<ruby>先生<rt>せんせい</rt></ruby>です。
우리 엄마는 선생님이에요.

4

お姉<ruby>ねえ</ruby>さんの職場<ruby>しょくば</ruby>はどこですか。

언니의 직장은 어디입니까?

病院<ruby>びょういん</ruby>です。

병원이에요.

5

あなたたちは学生<ruby>がくせい</ruby>ですか。

당신들은 학생입니까?

はい、そうです。

네, 그렇습니다.

6

お父<ruby>とう</ruby>さんは警察官<ruby>けいさつかん</ruby>ですか。

아버지는 경찰이세요?

いいえ、医者<ruby>いしゃ</ruby>です。

아니오, 의사입니다.

인칭대명사

일인칭	私 わたし (나, 저)	僕 ぼく (나. 남성 전용어)	おれ (나. 남성 전용어)
이인칭	あなた (당신)	君 きみ (너)	おまえ (너)
삼인칭	彼 かれ (그)	彼女 かのじょ (그녀)	
부정칭	誰 だれ (누구)	どなた (누구, 어느 분)	

- 家族(かぞく) 가족
- そして 그리고
- はい 예
- ぼく 나(주로 남자가 사용함)
- 職業(しょくぎょう) 직업
- 先生(せんせい) 선생님
- 職場(しょくば) 직장
- ~たち ~들(복수접미어)
- そうです 그렇습니다
- いいえ 아니오

가족 말하기

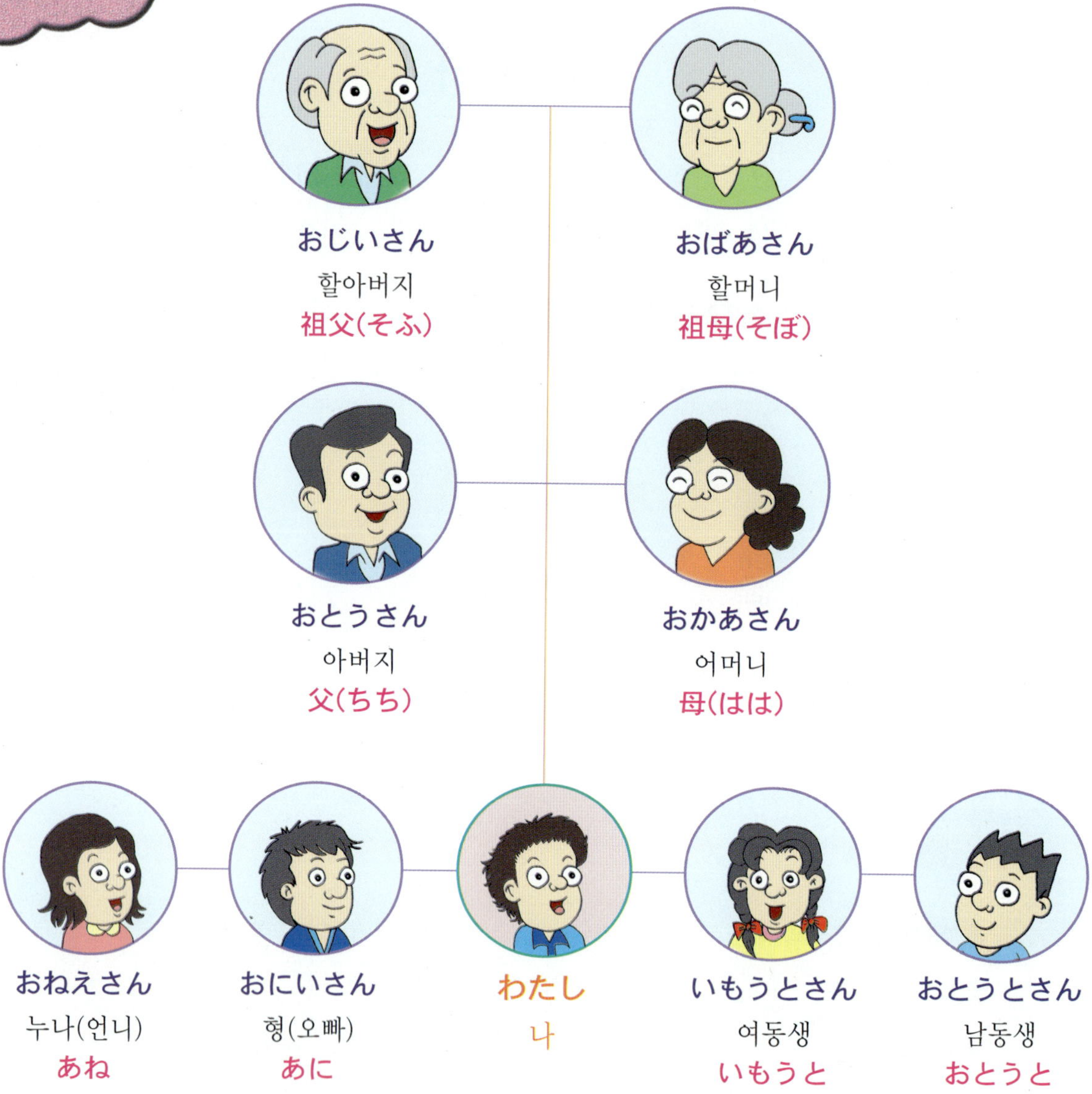

おじいさん
할아버지
祖父(そふ)

おばあさん
할머니
祖母(そぼ)

おとうさん
아버지
父(ちち)

おかあさん
어머니
母(はは)

おねえさん
누나(언니)
あね

おにいさん
형(오빠)
あに

わたし
나

いもうとさん
여동생
いもうと

おとうとさん
남동생
おとうと

남색 글씨는 자신이 자신의 식구를 부를 때 또는 남의 식구를 부를 때 씁니다.(おじいさん)

홍색 글씨는 자신의 식구를 남에게 말할 때 씁니다.(祖父)

学生(がくせい)

학생

警察官(けいさつかん)

경찰관

医者(いしゃ)

의사

先生(せんせい)

선생님

看護婦(かんごふ)

간호사

会社員(かいしゃいん)

회사원

スチュワーデス

스튜어디스

農夫(のうふ)

농부

運転手(うんてんしゅ)

운전사

軍人(ぐんじん)

군인

ピアニスト

피아니스트

店員(てんいん)

점원

풀어 봅시다

I. 다음 그림의 직업을 말해 보세요.

1)

2)

3)

4)

5)

6)

7)

8)

9)

Ⅱ. 다음 한자를 읽어 보세요.

> 1) お父さん
>
> 2) お母さん
>
> 3) お兄さん
>
> 4) お姉さん

Ⅲ. 다음 문장들을 이용해 자기 가족을 소개해 보세요.

> 私の 家族は （　　　　）、（　　　　）、（　　　　）、（　　　　）、（　　　　）、
>
> （　　　　）、（　　　　）、（　　　　）、 そして 私です。
>
> 父は （　　　　　　） です。
>
> 母は （　　　　　　） です。
>
> 兄は （　　　　　　） です。
>
> 姉は （　　　　　　） です。
>
> 妹は （　　　　　　） です。
>
> 弟は （　　　　　　） です。
>
> そして 私は 学生です。

5

<ruby>何曜日<rt>なんよう び</rt></ruby>ですか。

무슨 요일입니까?

<ruby>日曜日<rt>にちよう び</rt></ruby>だよ。

일요일이야.

<ruby>今日<rt>きょう</rt></ruby>、<ruby>何曜日<rt>なんよう び</rt></ruby>？

오늘이 무슨 요일이야?

즐거운
회화

1

あした　　　なんよう び
明日は何曜日ですか。
내일은 무슨 요일입니까?

すいよう び
水曜日です。
수요일입니다.

2

きのう　　　なんがつなんにち
昨日は何月何日でしたか。
어제는 몇 월 며칠이었습니까?

きのう　　　く　がつ　とおか
昨日は 9 月 10 日でした。
어제는 9 월 10 일이었습니다.

9월

11일

금요일

3

たんじょう び　　　なんがつ
あなたのお誕生日は何月
なんにち
何日ですか。
당신의 생일은 몇 월 며칠입니까?

わたし　　たんじょう び　　　し がつ　はつか
私の誕生日は 4 月 20 日です。
내 생일은 4 월 20 일입니다.

4

ジヘさんは<ruby>何才<rt>なんさい</rt></ruby>ですか。

지혜는 몇 살이니?

<ruby>私<rt>わたし</rt></ruby>は12<ruby>才<rt>じゅうにさい</rt></ruby>です。

전 12 살이에요.

5

<ruby>今年<rt>ことし</rt></ruby>でおいくつですか。

올해로 몇 살입니까?

22<ruby>才<rt>にじゅうにさい</rt></ruby>です。

22 살입니다.

낱말익히기

- 誕生日(たんじょうび) 생일
- 1才(いっさい) 한 살
- 2才(にさい) 두 살
- 3才(さんさい) 세 살
- 4才(よんさい) 네 살
- 5才(ごさい) 다섯 살
- 6才(ろくさい) 여섯 살
- 7才(ななさい) 일곱 살
- 8才(はっさい) 여덟 살
- 9才(きゅうさい) 아홉 살

- 10才(じゅっさい) 열 살
- 11才(じゅういっさい) 열 한 살
- 12才(じゅうにさい) 열 두 살
- 20才(はたち) 스무 살
- 21才(にじゅういっさい) 스물 한 살
- 22才(にじゅうにさい) 스물 두 살
- 30才(さんじゅっさい) 서른 살
- 40才(よんじゅっさい) 마흔 살
- 100才(ひゃくさい) 백 살
- 200才(にひゃくさい) 이백 살

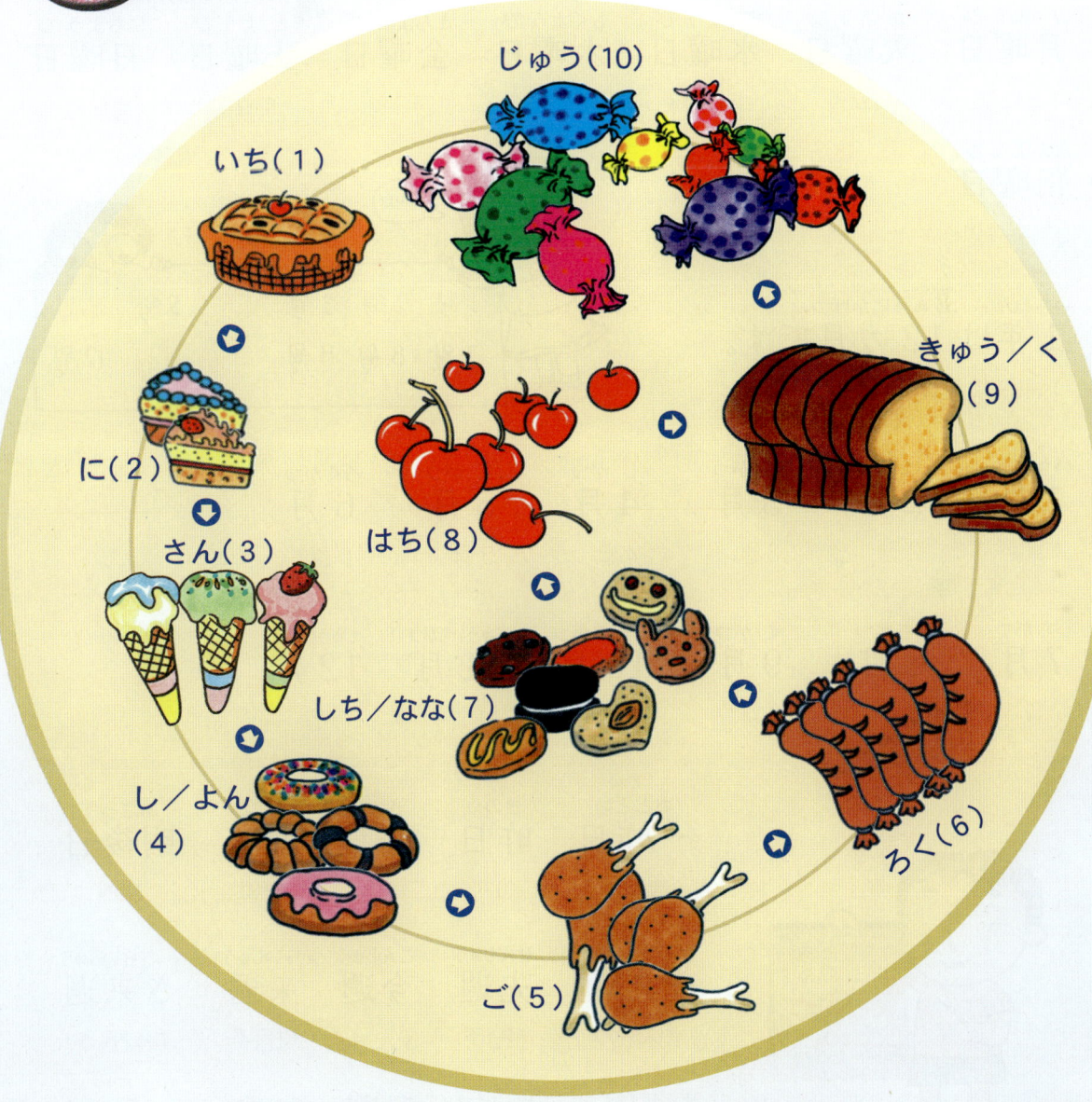

じゅう（10）

いち（1）

きゅう／く
（9）

に（2）

はち（8）

さん（3）

しち／なな（7）

し／よん
（4）

ろく（6）

ご（5）

알아봅시다

いっしゅうかん　なのか
一週間は 7 日です。
일주일은 7일입니다.

げつようび 月曜日 월요일
かようび 火曜日 화요일
すいようび 水曜日 수요일
もくようび 木曜日 목요일
きんようび 金曜日 금요일
どようび 土曜日 토요일
にちようび 日曜日 일요일

なんようび 何曜日 무슨 요일

いちねん　じゅうにかげつ
1 年は 12 カ月です。
1년은 12개월입니다.

いちがつ 1月 1월
にがつ 2月 2월
さんがつ 3月 3월
しがつ 4月 4월
ごがつ 5月 5월
ろくがつ 6月 6월

しちがつ 7月 7월
はちがつ 8月 8월
くがつ 9月 9월
じゅうがつ 10月 10월
じゅういちがつ 11月 11월
じゅうにがつ 12月 12월

おととい 一昨日 그저께
きのう 昨日 어제
きょう 今日 오늘
あした 明日 내일
あさって 明後日 모레

せんせんしゅう 先先週 지지난주
せんしゅう 先週 지난주
こんしゅう 今週 이번주
らいしゅう 来週 다음주
さらいしゅう さ来週 다다음주

せんせんげつ 先先月 지지난달
せんげつ 先月 지난달
こんげつ 今月 이번달
らいげつ 来月 다음달
さらいげつ さ来月 다다음달

カレンダー
달력

日曜日	月曜日	火曜日	水曜日	木曜日	金曜日	土曜日
	1日 ついたち	2日 ふつか	3日 みっか	4日 よっか	5日 いつか	6日 むいか
7日 なのか	8日 ようか	9日 ここのか	10日 とおか	11日 じゅういち にち	12日 じゅうに にち	13日 じゅうさん にち
14日 じゅう よっか	15日 じゅうご にち	16日 じゅうろく にち	17日 じゅうしち にち	18日 じゅうはち にち	19日 じゅうく にち	20日 はつか
21日 にじゅう いちにち	22日 にじゅう ににち	23日 にじゅう さんにち	24日 にじゅう よっか	25日 にじゅう ごにち	26日 にじゅう ろくにち	27日 にじゅう しちにち
28日 にじゅう はちにち	29日 にじゅう くにち	30日 さんじゅう にち	31日 さんじゅう いちにち			

풀어 봅시다

I. 아빠와 엄마 그리고 나의 생일을 말해 보세요.

1) 父の 誕生日は ＿＿＿＿ 月 ＿＿＿＿ 日です。

2) 母の 誕生日は ＿＿＿＿ 月 ＿＿＿＿ 日です。

3) 私の 誕生日は ＿＿＿＿ 月 ＿＿＿＿ 日です。

II. 아래의 빈 곳을 말해 보세요.

1)

		もくようび	すいようび
월요일	화요일		

금요일	토요일	일요일

2)

ついたち		とおか		
	8일		14일	20일

60

Ⅲ. 다음 달력 그림을 보고 질문에 대답해 보세요.

1) 今日は何月何日ですか。
   오늘은 몇 월 며칠입니까?

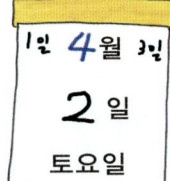

_____

2) 昨日は何月何日でしたか。
   어제는 몇 월 며칠이었습니까?

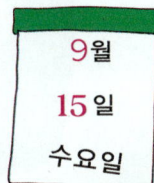

_____

3) 明日は何月何日ですか。
   내일은 몇 월 며칠입니까?

_____

6 ぼくのほうがつよいです。

내가 더 힘이 세요.

どっちが つよいの？

누가 더 힘이 세니?

ぼくのほうが つよいよ。

내가 더 힘이 세.

즐거운
회화

1

どっちが重いですか？
어느 쪽이 무겁죠?

小さいほうが重いです。
작은 쪽이 무거워요.

2

どっちの背が高いの？
누구 키가 크니?

ミンスのほうが
わたしより高いわ。
민수가 나보다 커.

3

お兄さんはわたしより
三つ上だね。
오빠는 나보다 세 살 더 많지?

そうだね。
맞아.

4

お兄さんは背が高いです。

お父さんより高いです。

우리 오빠는 키가 큽니다. 아빠보다 더 큽니다.

また、お父さんより

力もつよいです。

또 아빠보다 힘도 세답니다.

5

ミンスはわたしの友達です。

彼はとてもやさしいです。

민수는 내 친구입니다. 그는 참 착합니다.

わたしより足が速いです。

나보다 발이 빠릅니다.

형용사의 기본형(사전형)은 「～い」로 끝납니다.

あお 青い 파랗다	↔	あか 赤い 빨갛다	とお 遠い 멀다	↔	ちか 近い 가깝다

青い 파랗다 ↔ 赤い 빨갛다　　遠い 멀다 ↔ 近い 가깝다

明るい 밝다 ↔ 暗い 어둡다　　長い 길다 ↔ 短い 짧다

黒い 검다 ↔ 白い 희다　　太い 두껍다 ↔ 細い 가늘다

暖かい 따뜻하다 ↔ 涼しい 서늘하다　　おいしい 맛있다 ↔ まずい 맛없다

暑い 덥다 ↔ 寒い 춥다　　むずかしい 어렵다 ↔ やさしい 쉽다, 상냥하다

大きい 크다 ↔ 小さい 작다　　良い(いい) 좋다 ↔ 悪い 나쁘다

速い 빠르다 ↔ 遅い 느리다　　新しい 새롭다 ↔ 古い 낡다

重い 무겁다 ↔ 軽い 가볍다　　冷たい 차갑다 ↔ 熱い 뜨겁다

広い 넓다 ↔ 狭い 좁다　　強い 세다, 강하다 ↔ 弱い 약하다

高い 비싸다 ↔ 安い 싸다　　高い 높다 ↔ 低い 낮다

비교 표현

- **〜より〜です。** (〜보다 〜합니다)

  わたし**より** あなたが おおきいです。

  (나보다 당신이 큽니다.)

- **〜より〜のほうが〜です。** (〜보다 〜쪽이 더 〜합니다)

  <ruby>父<rt>ちち</rt></ruby>**より** <ruby>母<rt>はは</rt></ruby>の**ほう**が やさしいです。

  (아빠보다 엄마 쪽이 더 상냥합니다.)

낱말익히기

- ぼく 나(남자만 써요)
- ほう 쪽
- 背(せ) 키
- 〜より 〜보다(비교)
- 上(うえ) 위

- 力(ちから) 힘
- 友達(ともだち) 친구
- 彼(かれ) 그, 그 사람
- とても 아주, 매우, 대단히
- 足(あし) 발

색칠하며 익히기

다음 한자의 형용사를 일본어와 우리말로 번갈아 말하며 색칠해 봅시다. 무슨 그림이 나올까요?
아무 글자도 없는 칸에는 초록색을 칠하세요.

赤(あか)い 빨갛다   青(あお)い 파랗다
白(しろ)い 하얗다   黒(くろ)い 까맣다
黄(きいろ)い 노랗다

							青	青	青	青	青						
					青	青	青	青	青	青	青	青	青				
				青	青	白	白	白	青	白	白	白	青	青			
				青	青	白	黒	白	青	白	黒	白	青	青			
				青	青	白	白	白	青	白	白	白	青	青			
			青	青	青	青	青	青	赤	青	青	青	青	青	青		
			青	青	青	青	赤	赤	赤	赤	赤	青	青	青	青		
		青	青	青	青	赤	赤	赤	赤	赤	赤	赤	青	青	青	青	青
	青	青	青	青	青	青	青	赤	赤	赤	青	青	青	青	青	青	青
	青	青	青	青	白	白	白	青	青	青	白	白	白	青	青	青	青
青	青	青	青	青	白	白	白	白	白	白	白	白	青	青	青	青	青
青	青	青	青	青	白	白	白	白	白	白	白	白	白	青	青	青	青
青	青	青	青	青	白	白	白	白	白	白	白	白	白	青	青	青	青
青	青	青		青	白	白	白	白	白	白	白	白	白	青			青	青
青	青			青	白	青	青	青	白	白	白	白	白	青	青			青
青				青	青	黄	黄	黄	青	白	白	白	白	白	青			
			青	黄	黄	黄	青	青	青	青	青	青	青	青	黄		
			青	黄	黄	青		青	黄	黄	黄	黄	黄	黄	青		
				青			青	青	青	青	青	青	青				

67

풀어 봅시다

I. 그림과 어울리는 단어를 골라 ○표 하고 말해 보세요.

1)

父は母より三つ＜うえ／した＞です。

2)

私は友達より力が＜つよい／よわい＞です。

3)

犬はひよこより＜おおきい／ちいさい＞です。

Ⅱ. 그림과 일본어가 맞게 연결되었으면 ○표를, 그렇지 않으면 ×표를 하세요.

1) ☐　　2) ☐　　3) ☐

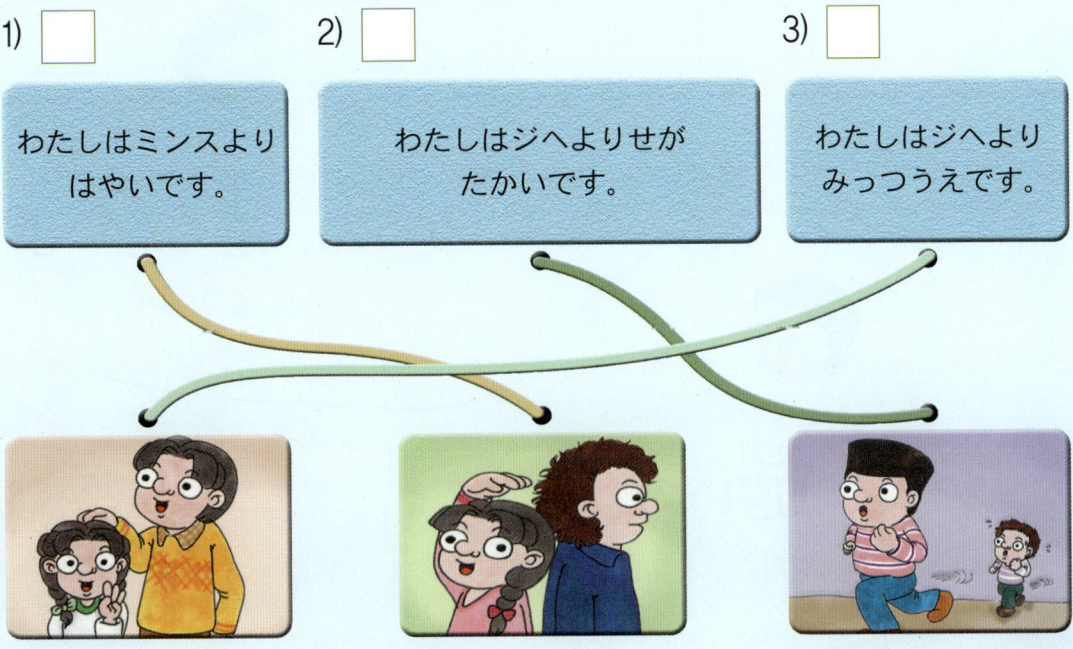

わたしはミンスより
はやいです。

わたしはジヘよりせが
たかいです。

わたしはジヘより
みっつうえです。

Ⅲ. 그림의 색깔을 뜻하는 형용사를 써서 빈칸을 채워 말해 보세요.

1) ばらの花^{はな}は ＿＿＿＿＿＿ 色^{いろ}です。

2) ひよこは ＿＿＿＿＿＿ 色^{いろ}です。

3) 私^{わたし}のかみは ＿＿＿＿＿＿ 色^{いろ}です。

4) 空^{そら}は ＿＿＿＿＿＿ 色^{いろ}です。

5) 雪^{ゆき}は ＿＿＿＿＿＿ 色^{いろ}です。

즐거운
회화

1

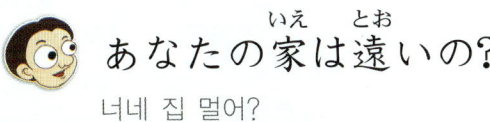
あなたの家は遠いの?
너네 집 멀어?

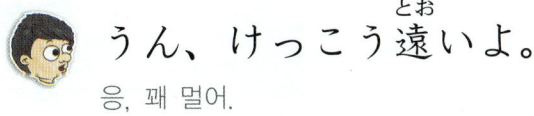
うん、けっこう遠いよ。
응, 꽤 멀어.

2

君の学校は遠いですか。
너네 학교 멀어?

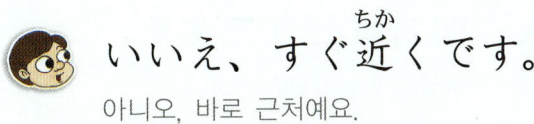
いいえ、すぐ近くです。
아니오, 바로 근처예요.

3

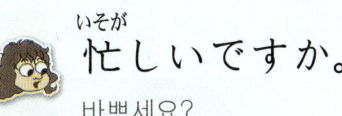
忙しいですか。
바쁘세요?

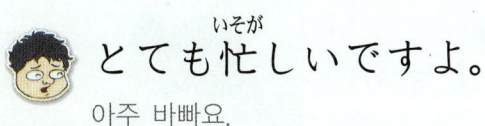
とても忙しいですよ。
아주 바빠요.

4

 あなたの学校は遠いですか。
당신의 학교는 멉니까?

私の学校はあまり遠くありません。 우리 학교는 별로 멀지 않습니다.

5

 今日、忙しいですか。
오늘 바쁘세요?

 今日はとても忙しいです。
오늘은 매우 바빠요.

 明日はどうですか。
내일은 어떠세요?

 明日は忙しくないです。
내일은 바쁘지 않습니다.

6

 日本語はむずかしいですか。
일본어는 어렵습니까?

 いいえ、むずかしくありません。
とてもおもしろいです。
아니오, 어렵지 않습니다. 아주 재미있습니다.

형용사의 부정 표현

とお**い** 멀다 とお**く** ない 멀지 않다 とお**く** ないです 멀지 않습니다 とお**く** ありません 멀지 않습니다	むずかし**い** 어렵다 むずかし**く** ない 어렵지 않다 むずかし**く** ないです 어렵지 않습니다 むずかし**く** ありません 어렵지 않습니다
ちか**い** 가깝다 ちか**く** ない 가깝지 않다 ちか**く** ないです 가깝지 않습니다 ちか**く** ありません 가깝지 않습니다	おもしろ**い** 재미있다 おもしろ**く** ない 재미없다 おもしろ**く** ないです 재미없습니다 おもしろ**く** ありません 재미없습니다

いそがし**い** 바쁘다

いそがし**く** ない 바쁘지 않다

いそがし**く** ないです 바쁘지 않습니다

いそがし**く** ありません 바쁘지 않습니다

- 学校(がっこう) 학교
- ううん 아니
- うん 응, 그래
- けっこう 꽤, 굉장히
- いいえ 아니오
- すぐ 곧바로
- 近(ちか)く 근처, 가까운 곳
- あまり 별로, 그다지
- 今日(きょう) 오늘
- 明日(あした) 내일

풀어 봅시다

I. 그림과 단어가 어울리는 것끼리 이으세요.

 1 •

 2 •

 3 •

 4 •

a • ちかい

b • むずかしい

c • とおい

d • やさしい

II. 다음에 제시된 문장에서 자신의 상황을 선택해서 말하고 해석하세요.

1) 私の学校は家から（とおい／ちかい）です。

2) 先生は（やさしい／こわい）です。

3) 日本語のべんきょうは（むずかしい／おもしろい）です。

Ⅲ. 그림을 보고 빈칸을 채워 말해 보세요.

1)

A : 学校はとおいですか。

B : いいえ、あまり ＿＿＿＿＿＿ ありません。

2)

A : 日本語はどうですか。

B : とても ＿＿＿＿＿＿ です。

3)

A : あしたもいそがしいですか。

B : いいえ、あしたは ＿＿＿＿＿＿ ないです。

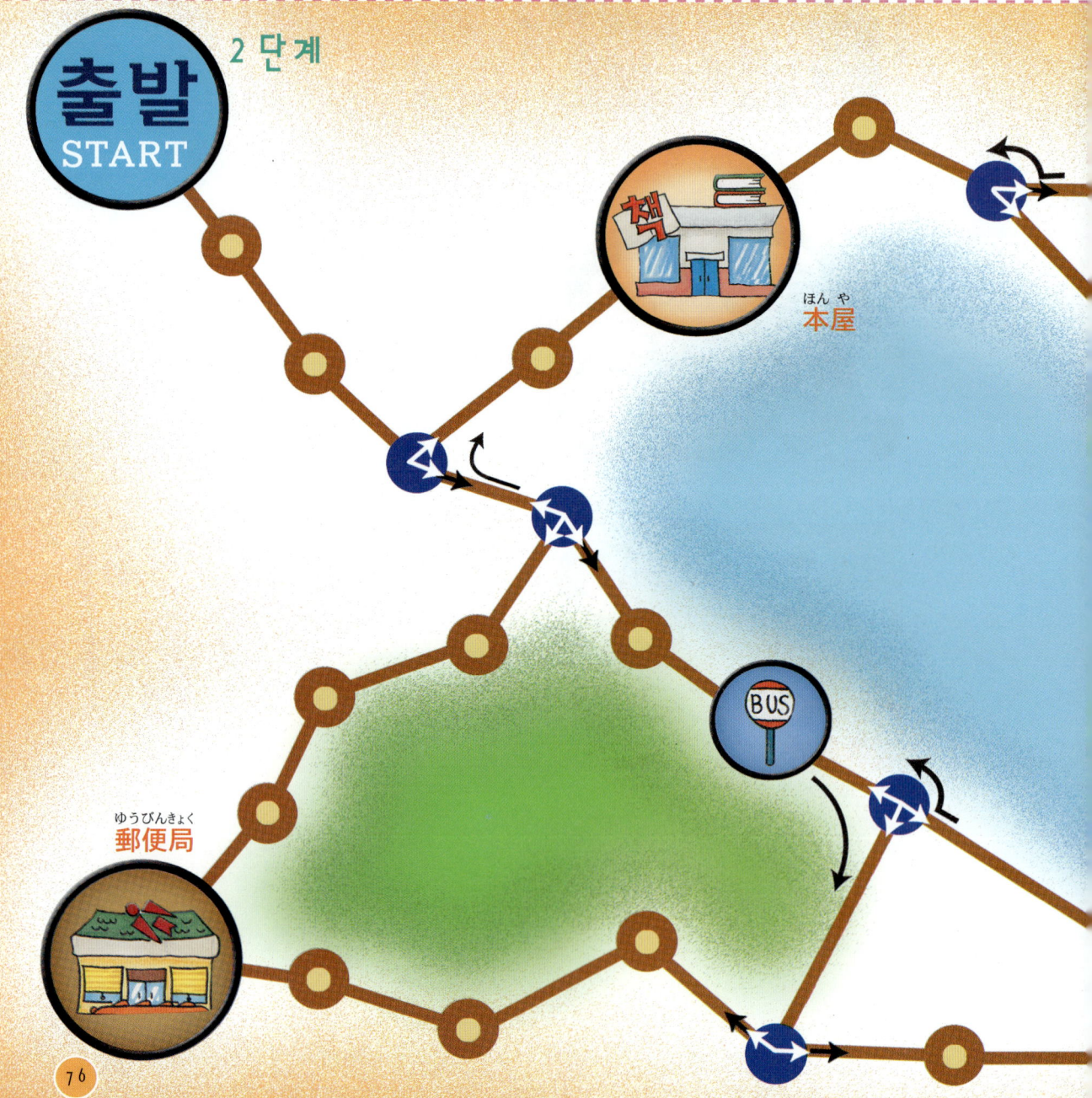

게 임

게임 방법

누 가 빨 리 가 나 ? 시작하기 전에 필요한 준비물 : 주사위, 말

❶ 각자 주사위를 던져 나온 숫자로 1단계에서 사다리를 탑니다.

❷ 1단계의 사다리타기로 정해진 '장소'를 2단계에서 먼저 가는 사람이 이깁니다. 이 때 위치가 두 군데로 지정 된 사람은 두 곳을 모두 가야만 이길 수 있습니다.

❸ 2단계로 와서는 다시 순서를 정해 게임을 시작하면 됩니다.

❹ 출발점에서 주사위를 던져 나온 숫자 만큼 이동하면 됩니다. 단, ✈ 곳에 멈췄을 때는 화살표 방향 중 선택하여 갈 수 있습니다. 또한 움직이고 있을 때 갈림길이 나오면 검정색 화살표 방향으로 진행하면 됩니다.

❺ 🌐에서 멈췄을 때는 세 칸을, 🏔에서 멈췄을 때는 다섯 칸을 앞으로 더 이동할 수 있습니다.

출발 START

2 단계

ほん や
本屋

ゆうびんきょく
郵便局

BUS

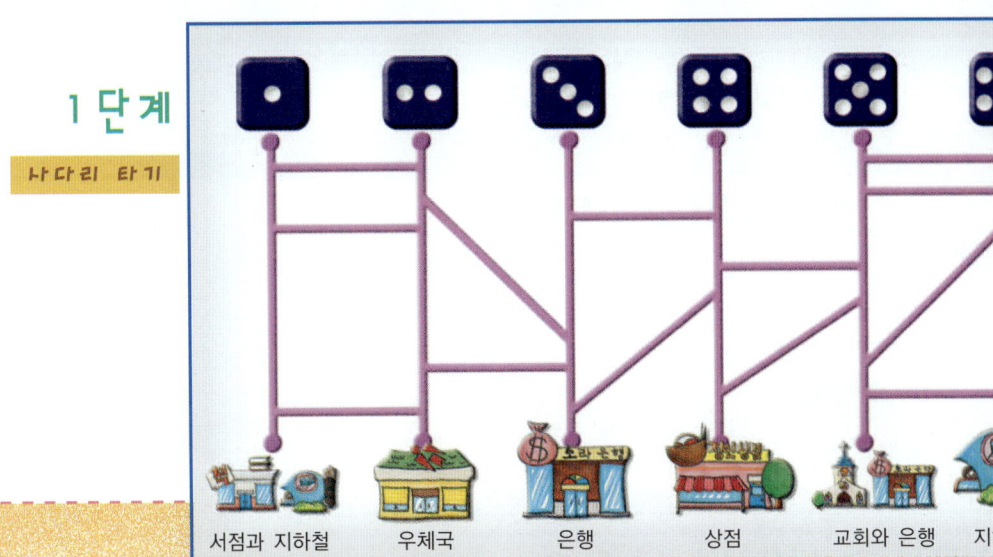

서점과 지하철	우체국	은행	상점	교회와 은행	지하철

タクシー

きょうかい
教会

ぎんこう
銀行

BUS

ちかてつ
地下鉄

みせ
店

77

今、韓国の天気はどう？

지금 한국 날씨는 어때?

とても、いいお天気だよ。

아주 좋은 날씨야.

오늘 날씨 어때요?

즐거운
회화

1 今日はいいお天気ですね。

오늘은 좋은 날씨이네요.

 うん。
昨日はよくなかったけど。

응. 어제는 좋지 않았는데.

2 今日はいいお天気ですね。

오늘은 좋은 날씨네요.

 そうね。寒くも暑くもないですね。

그래요. 춥지도 덥지도 않아요.

3 韓国の夏はどうですか。

한국의 여름은 어떻습니까?

 暑くて、雨が多いです。

덥고 비가 많이 옵니다.

 冬はどうですか。

겨울은 어떻습니까?

 とても寒いです。

아주 춥습니다.

4

<ruby>最近<rt>さいきん</rt></ruby>、<ruby>東京<rt>とうきょう</rt></ruby>の<ruby>天気<rt>てんき</rt></ruby>は
どうですか。

요즘 도쿄의 날씨는 어떻습니까?

<ruby>風<rt>かぜ</rt></ruby>がつよくて、
<ruby>寒<rt>さむ</rt></ruby>いです。

바람이 세고 춥습니다.

5

<ruby>明日<rt>あした</rt></ruby>の<ruby>天気<rt>てんき</rt></ruby>はどう？

내일 날씨 어때?

いいお<ruby>天気<rt>てんき</rt></ruby>だって。

좋은 날씨래.

형용사의 부정, 과거 부정

さむい 춥다

さむくない 춥지 않다

さむくなかった 춥지 않았다

두 개 이상 이어지는 형용사

あたたかい 따뜻하다／いい 좋다

あたたかくて いいです。 따뜻해서 좋습니다.

さむい　あつい　춥다／덥다

さむくもあつくもありません
춥지도 덥지도 않습니다

- 今(いま) 지금
- 天気(てんき) 날씨
- ～けど ～이지만(역접조사)
- 夏(なつ) 여름
- 雨(あめ) 비
- 冬(ふゆ) 겨울
- 最近(さいきん) 최근, 요즘
- 東京(とうきょう) 도쿄(일본의 수도)
- 風(かぜ) 바람
- 季節(きせつ) 계절
- ～だって ～래, ～라고 한다

겨울 풍경

❶ 雪(ゆき) 눈   ❷ 子供(こども) 어린이   ❸ 木(き) 나무
❹ 鳥(とり) 새   ❺ 屋根(やね) 지붕   ❻ 家(いえ) 집

⑦ 犬（いぬ）개　　⑧ 氷（こおり）얼음　　⑨ スケート 스케이트
⑩ そり 썰매　　⑪ たこ 연　　⑫ サンタクロース 산타클로스

풀어 봅시다

I. 그림과 일본어 표현이 어울리는 것끼리 잇고 뜻을 말하세요.

a
とてもいいお天気です。

b
雨はつめたいです。

c
風がつよいです。

d
夏はとても
あついです。

e
とてもさむいです。

f
冬はとても
寒かったです。

Ⅱ. 그림을 보고 빈칸을 채워 말해 보세요.

예) 　　　　　1)

2) 　　　　　3)

예) 今^{いま}は＿＿＿＿＿春^{はる}＿＿＿＿＿です。＿＿あたたかい＿＿です。

（지금은 봄입니다. 따뜻합니다.）

1) 今^{いま}は ＿＿＿＿＿＿＿ です。 ＿＿＿＿＿＿＿ です。

2) 今^{いま}は ＿＿＿＿＿＿＿ です。 ＿＿＿＿＿＿＿ です。

3) 今^{いま}は ＿＿＿＿＿＿＿ です。 ＿＿＿＿＿＿＿ です。

Ⅲ. 다음을 일본어로 말해 보세요.

> 1) 일본은 가깝고도 먼 나라입니다.
>
> 2) 일본은 가깝고 친근한 나라입니다.

9 私はスポーツが好きです。
나는 운동을 좋아해요.

わたし　　　　　す
私はスポーツが好き。

난 운동을 좋아해.

きみ　　なに　　す
君は何が好き？

넌 무얼 좋아하니?

즐거운
회화

1

なん
何のスポーツが好きですか。

무슨 운동을 좋아합니까?

すいえい　　す
水泳が好きです。

수영을 좋아합니다.

2

わたし　　　　　　　　す
私、バナナが好きよ。

난 바나나를 좋아해.

わたし　　　　　　　　す
私はぶどうが好き。

난 포도를 좋아해.

3

いちばん す
ジヘさんが一番好きなのは
なん
何ですか。

지혜 씨가 제일 좋아하는 것은 무엇입니까?

うた　　いちばん す
ジヘさんは歌が一番好き
です。

지혜 씨는 노래를 제일 좋아합니다.

87

4

ミンスさんはスポーツの
中（なか）で何が一番（いちばん）好（す）きですか。

민수 씨는 운동 중에서 무엇을 제일 좋아합니까?

一番（いちばん）好（す）きなスポーツは
サッカーです。

제일 좋아하는 운동은 축구입니다.

5

犬（いぬ）、好（す）き？

강아지 좋아하니?

とても好（す）きよ。
かわいいから。

너무 좋아요. 귀엽잖아요.

6

君（きみ）は何（なに）が一番（いちばん）好（す）き？

너는 무엇을 제일 좋아하니?

コンピューター・ゲーム
が一番（いちばん）好（す）きだよ。

컴퓨터 게임을 제일 좋아해.

형용동사

· いやだ	싫다	· だいすき(大好き)だ	아주 좋아하다
· いろいろだ	여러 가지다	· たいせつ(大切)だ	중요하다
· おなじ(同じ)だ	같다	· たいへんだ	대단하다
· きらいだ	싫어하다	· たくさんだ	많다
· きれいだ	깨끗하다	· ひまだ	한가하다
· けっこうだ	괜찮다	· へただ	서투르다
· げんき(元気)だ	건강하다	· べんり(便利)だ	편리하다
· じょうぶだ	튼튼하다	· ゆうめい(有名)だ	유명하다
· だいじょうぶだ	괜찮다	· りっぱだ	훌륭하다

~을 제일 좋아해요 ~が 一番好きです

제일 좋아하는 것을 일본어로 말해 보세요!

コンピューター (컴퓨터)

うた (노래)

ピアノ (피아노)

やきゅう (야구)

すいえい (수영)

풀어 봅시다

Ⅰ. 다음 그림을 보고 빈칸을 채워 말해 보세요.

わたし
私は（　　　　　　　　　）が一番好きです。
いちばん す

Ⅱ. 다음 각 두 개의 그림 중 더 좋아하는 것에 ○표, 덜 좋아하는 것에 △표, 싫어하는 것에는 ×표를 하고 다음 표현 중 하나를 골라 말해 보세요.

1)

2)

3)

참고단어

バナナ 바나나

ぶどう 포도

アイスクリーム 아이스크림

わたし　　　　　　　　　　　　　　　いちばん す
私は ＿＿＿＿＿＿＿が 一番好きです。

わたし　　　　　　　　　　　　す
私は ＿＿＿＿＿＿＿が 好きです。

わたし
私は ＿＿＿＿＿＿＿が きらいです。

Ⅲ. 다음 그림을 보면서 나의 취미를 말해 보세요.

1)

2)

3)

4)

5)

6)

私の趣味は ＿＿＿＿＿＿＿＿ です。(나의 취미는 ＿＿＿입니다.)
<small>わたし　しゅみ</small>

참고단어　・映画鑑賞：영화감상　・音楽鑑賞：음악감상　・バスケットボール：농구
<small>えいがかんしょう　おんがくかんしょう</small>

10

友達がいます。

ともだち

友達がいます。

친구가 있어요.

おとこ　　こ　　ともだち
男の子の友達がいます。

남자 친구가 있어요.

わたし　　おとこ　　こ　　ともだち
私も男の子の友達がいます。

나도 남자 친구가 있어요.

즐거운
회화

1

けいたいでん わ
携帯電話がありますか。

핸드폰 있습니까?

ありません。

없어요.

2

おんな　　こ　　ともだち
女の子の友達、いる？

여자 친구 있니?

いない。

없어.

3

いもうと
妹、いる？

여동생 있니?

おとうと　　ひとり
弟が一人いるよ。

남동생이 한 명 있어.

즐거운
회화

4

えんぴつ、けしゴム、カバンはあるけど、絵本(えほん)はない。

私(わたし)の家(いえ)にはテレビ、電話(でんわ)、冷蔵庫(れいぞうこ)はあるけど、

ソファーはない。

연필, 지우개, 책가방은 있는데, 그림책은 없어.
우리집에는 텔레비전, 전화, 냉장고는 있는데, 쇼파는 없어.

5

一人(ひとり)の妹(いもうと)と二人(ふたり)の兄(あに)がいる。

姉(あね)と弟(おとうと)はいない。

여동생 한 명, 형 두 명이 있어.
누나와 남동생은 없어.

ある 있다(사물, 무생물)	いる 있다(사람, 생물)
あります 있습니다	います 있습니다
ない 없다	いない 없다
ないです 없습니다	いないです 없습니다
ありません 없습니다	いません 없습니다

낱말익히기

- 男(おとこ)の子(こ) 남자 아이
- 友達(ともだち) 친구
- 携帯電話(けいたいでんわ) 휴대전화
- 女(おんな)の子(こ) 여자 아이
- えんぴつ 연필
- けしゴム 지우개

- 絵本(えほん) 그림책
- 家(いえ) 집
- テレビ 델레비전
- 冷蔵庫(れいぞうこ) 냉장고
- ソファー 소파

풀어 봅시다

I. 다음 두 개의 그림에 대한 설명 중에서 맞는 것에는 ○표, 맞지 않는 것에는 ×표를 하세요.

1) いすのうえにカバンがあります。（　　　）

2) 私_{わたし}はお兄_{にい}さんがふたりいます。（　　　）

3) 本_{ほん}とえんぴつがあります。（　　　）

4) 私_{わたし}の家族_{かぞく}は６人家族_{ろくにんかぞく}です。（　　　）

5) 机_{つくえ}のうえにけいたいでんわがあります。（　　　）

II. 다음 그림을 보면서 그림 속에 있는 것들을 하나씩 말해 봅시다.

1)

2)

3)

4)

5)

6)

7)

8)

참 잘했어요　보통이에요　더 노력하세요

9) 　10) 　11) 　12)

Ⅲ. 다음의 각 그림과 문장이 어울리는 것끼리 연결하고 말해 보세요.

a
男の子も女の子もけいたいでんわがあります。

b
男の子はコンピューターがあります。

c
男の子の友達がいます。

신나는 게임 퍼즐놀이

그 동안 배워온 일본어를 퍼즐로 즐겨보세요!

가로열쇠
① 음식이 상하지 않게 넣어 두죠.
③ 나하고 친한 사람이에요.
⑤ 우리나라.
⑥ 지금 우리가 배우는 말.
⑧ 우리집.
⑩ 나의 형제의 아들.

세로열쇠
② 낮에 하는 인사말이죠.
④ 엄마와 내가 제일 좋아하는 사람은?
⑦ 돈을 저금하거나 빌리는 곳이에요.
⑨ 먼 곳이 아니라 가까운 곳을 뜻하는 말.

힌트! 옆 그림에서 찾아보세요

か ☐ ☐ ☐

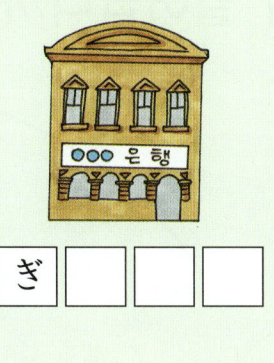

ぎ ☐ ☐ ☐

う ☐

れ ☐ ☐ ☐ ☐

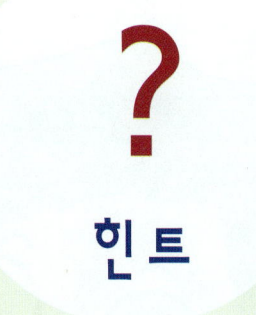

?
힌 트

お ☐ ☐ ☐ ☐

ち ☐ ☐

お ☐

と ☐ ☐ ☐

に ☐ ☐ ☐

こ ☐ ☐ ☐ ☐

99

何時に起きますか。

몇 시에 일어납니까?

今、何時ですか。
지금 몇 시예요?

8時10分です。
8시 10분이에요.

즐거운
회화

1

あなたは<ruby>何時<rt>なんじ</rt></ruby>に<ruby>起<rt>お</rt></ruby>きますか。

당신은 몇 시에 일어납니까?

<ruby>朝<rt>あさ</rt></ruby>、7<ruby>時<rt>しちじ</rt></ruby>に<ruby>起<rt>お</rt></ruby>きます。

아침 7시에 일어납니다.

2

<ruby>授業<rt>じゅぎょう</rt></ruby>は<ruby>何時<rt>なんじ</rt></ruby>からですか。

수업은 몇 시부터입니까?

9<ruby>時<rt>くじ</rt></ruby>からです。

9시부터입니다.

3

<ruby>授業<rt>じゅぎょう</rt></ruby>は<ruby>何時<rt>なんじ</rt></ruby>に<ruby>終<rt>お</rt></ruby>わる？

수업은 몇 시에 끝나니?

4<ruby>時<rt>よじ</rt></ruby>に<ruby>終<rt>お</rt></ruby>わるよ。

4시에 끝나.

즐거운
회화

4

 お母_{かあ}さん、今_{いま}、何時_{なんじ}？

엄마, 지금 몇 시예요?

 もう 8 時_{はちじ} 30 分_{さんじゅっぷん}よ。

벌써 8 시 30 분이야.

 わあ！ 遅刻_{ちこく}だ！

아이쿠, 늦었다!

5  お母_{かあ}さん、いってきます。

엄마, 다녀오겠습니다.

 何時_{なんじ}に帰_{かえ}る？

몇 시에 돌아오니?

 4 時_{よじ}ごろに帰_{かえ}るわ。

오후 4 시 쯤에 올 거예요.

6

 もう 10 時_{じゅうじ}。寝_ねる時間_{じかん}だよ。

벌써 10 시다. 잘 시간이야.

 はい。おやすみなさい。

예. 안녕히 주무세요.

 おやすみ。

잘 자거라.

동사의 기본형

일본어 동사의 기본형은 「〜ウ段」으로 끝납니다.

동사의 종류

일본어 동사는 '1단동사', '변격동사', '5단동사' 등 세 가지 종류가 있습니다.

동사에 붙는 말

다음 두 가지를 알아 둡시다.

동사 + ます ~합니다
동사 + ますか ~합니까?

1단동사 : 항상 「〜る」로만 끝나고 「る」바로 앞의 글자가 「イ段」이나 「エ段」
입니다.

おきる 일어나다	→	おきます 일어납니다
みる 보다	→	みます 봅니다
たべる 먹다	→	たべます 먹습니다
ねる 자다	→	ねます 잡니다

변격동사 : 다음 두 개만 해당됩니다.

する 하다 →	します 합니다
くる 오다 →	きます 옵니다

5단동사 : 위에 속하지 않는 모든 동사가 '5단동사'입니다.

い**う** 말하다	→	い**い**ます 말합니다
い**く** 가다	→	い**き**ます 갑니다
はな**す** 이야기하다	→	はな**し**ます 이야기합니다
た**つ** 일어서다	→	た**ち**ます 일어섭니다
し**ぬ** 죽다	→	し**に**ます 죽습니다
の**む** 마시다	→	の**み**ます 마십니다
つく**る** 만들다	→	つく**り**ます 만듭니다
およ**ぐ** 수영하다	→	およ**ぎ**ます 수영합니다
よ**ぶ** 부르다	→	よ**び**ます 부릅니다

🍀 시간 말하기

いちじ	にじ	さんじ	よじ	ごじ	ろくじ	しちじ	はちじ	くじ	じゅうじ	じゅういちじ	じゅうにじ
1時	2時	3時	4時	5時	6時	7時	8時	9時	10時	11時	12時

いっぷん	にふん	さんぷん	よんぷん	ごふん	ろっぷん	ななふん	はっぷん	きゅうふん	じゅっぷん	じゅういっぷん	じゅうにふん
1分	2分	3分	4分	5分	6分	7分	8分	9分	10分	11分	12分

にじゅっぷん	さんじゅっぷん	はん	よんじゅっぷん	ごじゅっぷん	ろくじゅっぷん
20分	30分(=半)		40分	50分	60分

낱말익히기

- 起きる(おきる) 일어나다
- 授業(じゅぎょう) 수업
- ~から ~부터
- 終わる(おわる) 끝나다
- もう 이미, 벌써

- 遅刻(ちこく) 지각
- 行く(いく) 가다
- ~ごろ 쯤, 경
- 帰る(かえる) 돌아가다, 돌아오다

おきる

あさごはんを食べる

学校へ行く

べんきょうする

家にかえる

あそぶ

しゅくだいをする

テレビを見る

ねる

풀어 봅시다

Ⅰ. 다음 동사들의 종류가 어울리는 것끼리 선으로 이으세요.

おきる	おわる	ねる	くる	いく	のむ	よぶ	つくる

5단동사   1단동사   변격동사

Ⅱ. 나의 하루를 일본어로 발표해 보세요.

1. 나는 아침 ＿＿＿＿ 시에 일어납니다.

   ➡ _____

2. ＿＿＿＿ 시에 아침밥을 먹습니다.

   ➡ _____

3. 수업은 ＿＿＿＿ 시부터 ＿＿＿＿ 시까지입니다. (* ～까지 : ～まで)

   ➡ _____

4. ＿＿＿＿ 시에 집에 돌아옵니다. (동사 예외 5단동사)

   ➡ _____

5. ＿＿＿＿ 시까지 텔레비전(책)을 봅니다.

   ➡ _____

6. ＿＿＿＿ 시에 잡니다.

   ➡ _____

Ⅲ. 다음 그림을 보고 올바른 순서를 정해 일본어로 말해 보세요.

순서　☐ ➡ ☐ ➡ ☐ ➡ ☐

12 どこに行きますか。

어디에 갑니까?

どこに行きますか。

어디 가세요?

買い物に行きます。

물건 사러 가요.

108

즐거운
회화

1 お兄さん、どこ行くの？

오빠, 어디 가?

本屋に行くよ。

서점에 가.

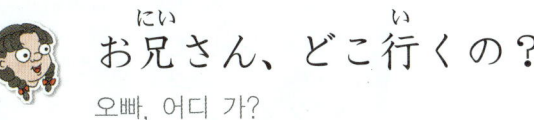

2 どこに行きますか。

어디 가세요?

 ノートを買いに行きます。

노트 사러 가요.

 あ、そうですか。
いっしょに行きましょう。

아, 그러세요. 같이 갑시다.

3  お母さん、いらっしゃる？

엄마 계시니?

 いいえ。買い物に行きました。

아니오. 물건 사러 가셨어요.

4 昨日は何をしましたか。

어제는 무엇을 했습니까?

かぜをひきました。
それで家でやすみました。

감기에 걸렸습니다.
그래서 집에서 쉬었습니다.

5

 ぐあいはどうですか。

몸 상태는 어떻습니까?

 まだ、頭が少し痛いです。

아직 머리가 조금 아픕니다.

6

 日曜日に 何をしますか。

일요일에 뭐 합니까?

 父といっしょに、散歩に行きます。

아빠와 함께 산책하러 갑니다.

동사의 과거 표현

동사 + ました ~했습니다

みる	보다	みました	보았습니다
たべる	먹다	たべました	먹었습니다
いく	가다	いきました	갔습니다

동사의 권유 표현

동사 + ましょう ~합시다

みます	봅니다	みましょう	봅시다
たべます	먹습니다	たべましょう	먹읍시다
いきます	갑니다	いきましょう	갑시다

동사의 목적 표현

명사 に 行く(くる) / 동사 ます형 ~하러 가다(오다)

みに いく	보러 가다	みに くる	보러 오다
たべに いく	먹으러 가다	たべに くる	먹으러 오다
かいに いく	사러 가다	かいに くる	사러 오다

동사의 부정 표현

동사 + ません ~하지 않습니다

みる	보다	みません	보지 않습니다
たべる	먹다	たべません	먹지 않습니다
いく	가다	いきません	가지 않습니다

동사의 과거부정 표현

동사 + ませんでした ～하지 않았습니다

みる	보다	みませんでした	보지 않았습니다
たべる	먹다	たべませんでした	먹지 않았습니다
いく	가다	いきませんでした	가지 않았습니다

낱말익히기

- 買い物(かいもの) 쇼핑
- 本屋(ほんや) 서점
- ノート 노트
- 買いに(かいに) 사러
- いっしょに 함께
- いらっしゃる 계시다, 가시다, 오시다
- かぜ 감기
- ひく (감기에) 걸리다
- それで 그래서
- 家(いえ) 집
- やすむ 쉬다
- ぐあい 몸의 상태
- 頭(あたま) 머리
- 痛い(いたい) 아프다
- 散歩(さんぽ) 산책

❀ 함께 노래해요!

오늘 쪽의 신체 이름 중에서 '머리, 어깨, 무릎, 발, 입, 코, 귀'를 이용해 율동과 함께 노래하면서 익혀 보세요. 신체 이름을 바꿔가며 노래해 봐요.

머리 어깨 무릎 발 무릎 발
머리 어깨 무릎 발 무릎 발 무릎
머리 어깨 발 무릎 발
머리 어깨 무릎 입 코 귀

파란색 번호가 붙은 단어들을 참고하세요.

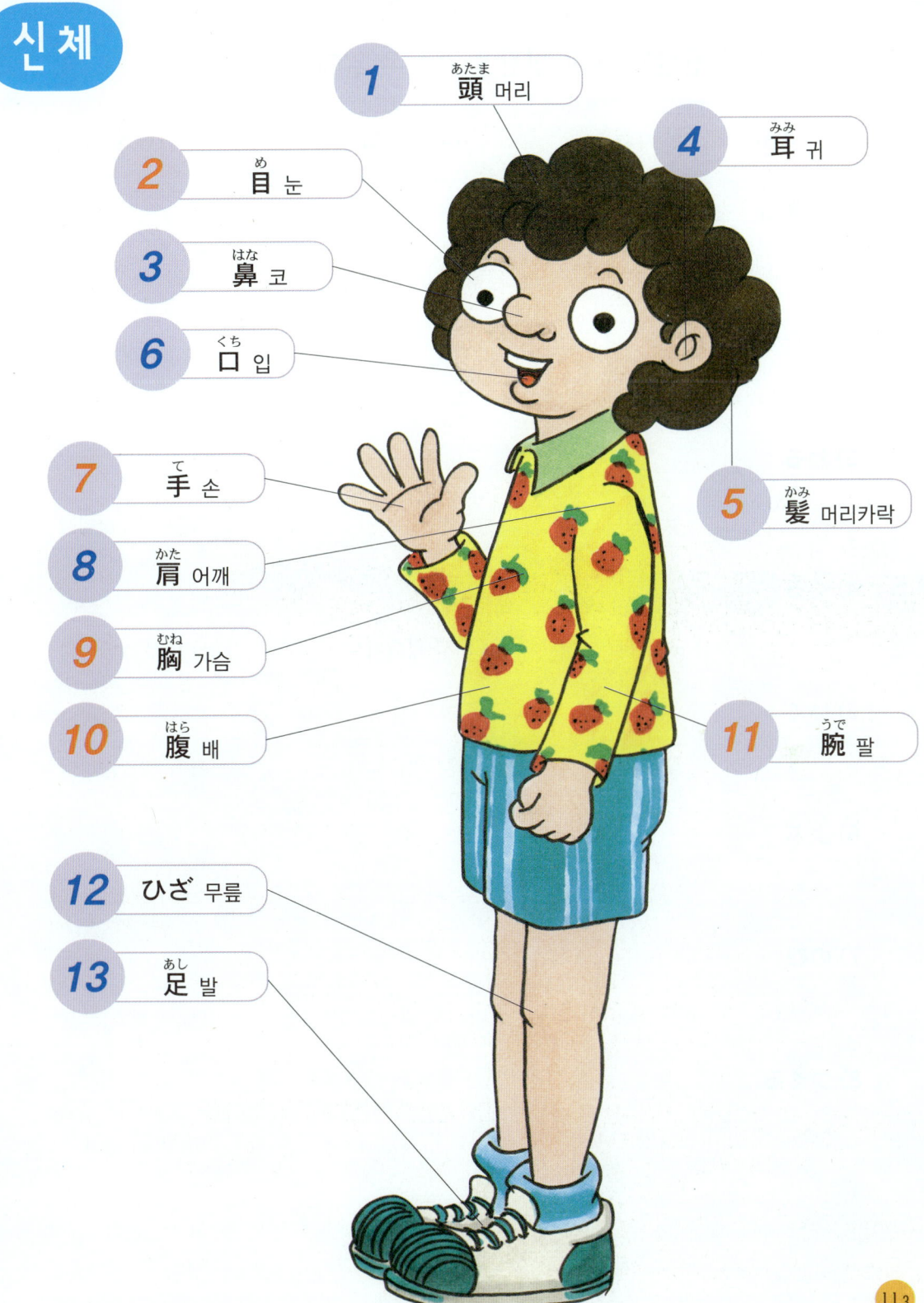

1 <ruby>頭<rt>あたま</rt></ruby> 머리

4 <ruby>耳<rt>みみ</rt></ruby> 귀

2 <ruby>目<rt>め</rt></ruby> 눈

3 <ruby>鼻<rt>はな</rt></ruby> 코

6 <ruby>口<rt>くち</rt></ruby> 입

5 <ruby>髪<rt>かみ</rt></ruby> 머리카락

7 <ruby>手<rt>て</rt></ruby> 손

8 <ruby>肩<rt>かた</rt></ruby> 어깨

9 <ruby>胸<rt>むね</rt></ruby> 가슴

10 <ruby>腹<rt>はら</rt></ruby> 배

11 <ruby>腕<rt>うで</rt></ruby> 팔

12 ひざ 무릎

13 <ruby>足<rt>あし</rt></ruby> 발

풀어 봅시다

I. 다음 동사와 관련된 표의 빈칸을 채우고 말해 보세요.

기본형	과거표현	부정표현	과거부정표현
1) おきる 일어나다	일어났습니다	일어나지 않습니다	일어나지 않았습니다
2) おわる 끝나다	끝났습니다	끝나지 않습니다	끝나지 않았습니다
3) ねる 자다	잤습니다	자지 않습니다	자지 않았습니다
4) くる 오다	왔습니다	오지 않습니다	오지 않았습니다
5) いく 가다	갔습니다	가지 않습니다	가지 않았습니다
6) よぶ 부르다	불렀습니다	부르지 않습니다	부르지 않았습니다
7) のむ 마시다	마셨습니다	마시지 않습니다	마시지 않았습니다
8) つくる 만들다	만들었습니다	만들지 않습니다	만들지 않았습니다

Ⅱ. 다음 질문에 대해 그림을 보고 대답하세요.

1 銀行(ぎんこう)
은행

2 病院(びょういん)
병원

3 本屋(ほんや)
서점

4 映画館(えいがかん)
영화관

5 公園(こうえん)
공원

あなたはどこへ行きますか。

Ⅲ. 그림을 보고 각 이름을 말해 보세요.

1

2

3

4

5

13 いま、何をしていますか。
なに

지금, 뭐하세요?

今、何しているの？
いま　なに

지금 뭐해?

パンを食べているわ。
た

빵 먹고 있어.

즐거운
회화

1

いま なに
今、何をしていますか。
지금 뭐하고 있어요?

コンピューターをやって
います。
컴퓨터하고 있어요.

2

なに
あなたたち、何しているの？
너희들 뭐하니?

しゅくだい
宿題をしています。
숙제하고 있어요.

3

とう　　　なに
お父さん、何しているの？
아빠, 뭐 하세요?

しんぶん
新聞よんでいるよ。
신문 읽고 있단다.

4

 きみ、今、どこ？

당신 지금 어디야?

 わたし、今、デパート。

나 지금 백화점이에요.

 何しているの？

뭐하고 있어?

 買い物よ。

쇼핑!

5

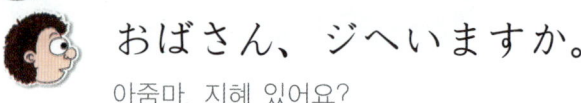 おばさん、ジへいますか。

아줌마, 지혜 있어요?

 いるわよ。どうぞ。

있단다. 들어오렴.

何をしていますか。

뭐하고 있어요?

 ピアノをひいているわ。

피아노 치고 있단다.

동사 + ている

1 단동사

みる	보다	たべる	먹다
みている	보고 있다	たべている	먹고 있다
みています	보고 있습니다	たべています	먹고 있습니다

변격동사

する	하다	くる	오다
している	하고 있다	きている	오고 있다
しています	하고 있습니다	きています	오고 있습니다

5 단동사

①「～く」나「～ぐ」로 끝나는 동사

かく	쓰다	かぐ	(냄새를) 맡다
かいている	쓰고 있다	かいでいる	맡고 있다
かいています	쓰고 있습니다	かいでいます	맡고 있습니다

②「～う」나「～つ」나「～る」로 끝나는 동사

いう	말하다	たつ	서다
いっている	말하고 있다	たっている	서 있다
いっています	말하고 있습니다	たっています	서 있습니다
つくる	만들다		
つくっている	만들고 있다		
つくっています	만들고 있습니다		

③「～ぬ」나「～む」나「～ぶ」로 끝나는 동사

しぬ	죽다	よむ	읽다
しんでいる	죽어 있다	よんでいる	읽고 있다
しんでいます	죽어 있습니다	よんでいます	읽고 있습니다
よぶ	부르다		
よんでいる	부르고 있다		
よんでいます	부르고 있습니다		

예외동사

いく	가다	かえる	돌아가다
いっている	가고 있다	かえっている	돌아가고 있다
いっています	가고 있습니다	かえっています	돌아가고 있습니다

낱말익히기

- パン 빵
- やる 하다(「する」보다 막된말)
- 宿題(しゅくだい) 숙제
- 新聞(しんぶん) 신문
- 読む(よむ) 읽다
- デパート 백화점
- もちろん 물론
- おばさん 아주머니
- どうぞ 권유할 때 쓰는 말(부디, 어서)
- ピアノ 피아노
- ひく (악기를) 연주하다, 켜다

백조왕자 이야기 白鳥の王子

魔法の城の池にはいつも泣いている白鳥が住んでいました。

泣く白鳥を見て、鳥が聞きました。

どうして泣いているの？
왜 울고 있니?

私は王子だ。
나는 왕자야.

鳥は白鳥の話を少女に伝えました。

・魔法(まほう) 마법　　・どうして 왜
・城(しろ) 성　　　　 ・王子(おうじ) 왕자
・池(いけ) 연못　　　 ・鳥(とり) 새
・いつも 언제나　　　 ・話(はなし) 이야기
・泣く(なく) 울다　　 ・少女(しょうじょ) 소녀
・白鳥(はくちょう) 백조 ・伝(つた)える 전하다

121

- 考(かんが)える 생각하다
- 助(たす)ける 돕다
- りす 다람쥐
- 聞(き)く 듣다

少女は考えました。

私が助けに行こう。
내가 도우러 가야지.

少女はりすに聞きました。

魔法の城はどこにあるの？
마법의 성은 어디에 있니?

あそこだよ。
저쪽이야.

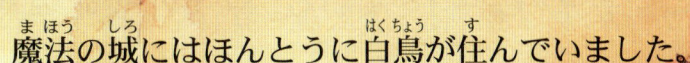

魔法の城にはほんとうに白鳥が住んでいました。

私が助けます。
내가 널 도와 줄게.

ありがとう。では、歌を歌ってください。
고마워. 그럼 네가 날 위해 노래를 불러줘.

少女は歌を歌いました。

少女の歌は城中にひびきわたりました。

すると、白鳥の魔法はとけて、王子にもどりました。

そして二人はいつまでも幸せに暮らしました

- ・ほんとうに 정말로
- ・〜の ために 〜을 위해
- ・歌(うた) 노래
- ・歌(うた)う 노래하다
- ・城中(しろじゅう) 성안 전체
- ・ひびきわたる 울려퍼지다
- ・すると 그러자
- ・とける 풀리다
- ・もどる 되돌아오다
- ・そして 그리고
- ・幸(しあわ)せに 행복하게
- ・暮(く)らす 살다

풀어 봅시다

I. 다음 동사들에 「~ている」를 붙여 말해 보세요.

1) する (하다) ➡ _____

2) かく (쓰다) ➡ _____

3) よむ (읽다) ➡ _____

4) いく (가다) ➡ _____

5) つくる (만들다) ➡ _____

6) たべる (먹다) ➡ _____

7) みる (보다) ➡ _____

II. 다음 그림과 문장이 서로 어울리는 것끼리 선으로 잇고 말해 보세요.

1

2

3

a
テレビを見ています。

b
電話をかけています。

c
音楽を聞いています。

Ⅲ. 다음 그림을 보고 무엇을 하고 있는지 말해 보세요.

1)

2)

3)

4)

5)

6)

14

<ruby>牛乳<rt>ぎゅうにゅう</rt></ruby>が<ruby>飲<rt>の</rt></ruby>みたいです。

우유를 마시고 싶습니다.

はい、どうぞ。

그래, 여기 있다.

<ruby>お母<rt>かあ</rt></ruby>さん、

<ruby>牛乳<rt>ぎゅうにゅう</rt></ruby><ruby>飲<rt>の</rt></ruby>みたい。

엄마 우유 마시고 싶어.

즐거운
회화

1

ああ、お水が飲みたい。
お水ちょうだい。
아, 물 마시고 싶어. 물 줘.

はい、どうぞ。
자, 여기 있어.

2

何になさいますか。
무엇으로 하시겠습니까?

ジュースください。
쥬스 주세요.

3

何が飲みたいですか。
뭘 마시고 싶습니까?

お茶が飲みたいです。
차를 마시고 싶습니다.

 4

 きみは どんなひとに
なりたいの？

너는 어떤 사람이 되고 싶니?

 ぼくは サッカーの選手に
なりたい。

난 축구 선수가 되고 싶어.

 5

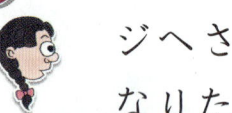 ジヘさんはどんな人に
なりたいですか。

지혜 씨는 어떤 사람이 되고 싶어요?

 わたしはスターになりた
いです。

난 스타가 되고 싶어요.

 6

 ミンスくんはしょうらい、
どんなひとになりたいの？

민수는 커서 어떤 사람이 되고 싶니?

 ぼくは大統領になりたいんだ。

난 대통령이 되고 싶어.

 へえ、えらいね。

정말 대단하구나!

희망을 나타내는 표현 ➡ 동사 + たい ~싶습니다

みる	보다	たべる	먹다
み**たい**	보고 싶다	たべ**たい**	먹고 싶다
みたい**です**	보고 싶습니다	たべたい**です**	먹고 싶습니다

いく	가다	なる	되다
いき**たい**	가고 싶다	なり**たい**	되고 싶다
いきたい**です**	가고 싶습니다	なりたい**です**	되고 싶습니다

の**む**	마시다	する	하다
のみ**たい**	마시고 싶다	し**たい**	하고 싶다
のみたい**です**	마시고 싶습니다	したい**です**	하고 싶습니다

くる	오다		
き**たい**	오고 싶다		
きたい**です**	오고 싶습니다		

- 牛乳(ぎゅうにゅう) 우유
- ください 주세요
- のど 목
- かわく 마르다, 갈증나다
- お水(みず) 물
- ちょうだい ~주렴, ~줘
- なさる ~하시다
- コーヒー 커피
- 飲む(のむ) 마시다
- なる ~되다
- ~たい ~하고 싶다
- サッカー 축구
- 選手(せんしゅ) 선수
- スター 스타
- 将来(しょうらい) 장래, 미래
- 大統領(だいとうりょう) 대통령

먹고 싶어요! 먹고 싶은 것을 말해 보세요.

～が
たべたい！

 うどん	 ピザ
 あめ	 チキン
 ケーキ	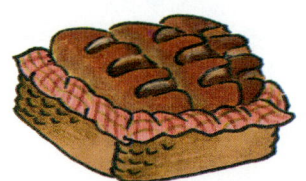 パン
 チョコレート	 すし

되고 싶어요! 장래에 되고 싶은 꿈을 얘기해 보세요.

~に
なりたい

かしゅ	サッカー選手
だいとうりょう	せんせい
かんごふ	いしゃ
パイロット	ピアニスト

풀어 봅시다

I. 다음 동사들에 「〜たい」를 붙여 말해 보세요.

1) する　(하다)　➡ _____

2) かく　(쓰다)　➡ _____

3) のむ　(마시다)　➡ _____

4) いく　(가다)　➡ _____

5) かう　(사다)　➡ _____

6) みる　(보다)　➡ _____

7) たべる (먹다)　➡ _____

II. 다음 그림과 문장이 서로 어울리는 것끼리 선으로 잇고 말해 보세요.

a

このくつがかいたいです。

b

牛乳をください。

c

大統領になりたいです。

Ⅲ. 다음 그림을 보고 그림과 어울리는 문장을 만들고 말해 보세요. 그리고 자기
   가 되고 싶은 사람에 대해서도 말해 보세요.

①

②

③

④

⑤

⑥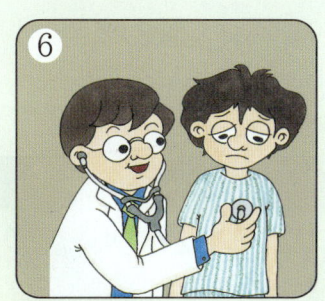

⑦

⑧

⑨

私（わたし）／は／将来（しょうらい）／なる／たい

나는 장래 _____이 되고 싶습니다.

15 日本に行ったことがあります。

일본에 간 적이 있습니다.

日本に行ったことある？

일본에 간 적 있니?

私は行ったことあるよ。

난 간 적 있어.

즐거운 회화

1

ジヘちゃん、ソウルランド
に行ったことある？

지혜야, 너 서울랜드에 간 적 있니?

うん、お父さんと
いっしょに行ったよ。

응, 아빠와 함께 갔어.

2

日本の料理、食べてみた
ことある？

일본 요리 먹어 본 적 있어?

うん、あるよ。とてもお
いしかった。

응, 있어. 아주 맛있었어.

3

日本の映画を見たことあり
ますか。

일본 영화를 본 적 있어요?

まだ、ありません。

아직, 없어요.

4

 日本に行ったことある？

일본에 간 적 있어?

 行ったことあるよ。

간 적 있어.

 何回行ったの？

몇 번 갔어?

 一回だけ。

딱 한 번.

 日本のおすし、食べてみた？

일본 초밥 먹어 봤어?

 うん、とてもおいしかった。

응, 아주 맛있었어.

5

 ディズニーランドに行ったことある？

디즈니랜드에 간 적 있어?

 家族といっしょに行ったこと あるよ。

가족과 같이 간 적 있어.

 おもしろかった？

재미있었어?

 うん、すごくおもしろかった。

응, 아주 재미있었어.

136

경험을 나타내는 표현

동사 + た ~했다	~た ことが ある ~한 적(경험)이 있다
みる 보다 みた 보았다	みた ことが ある 본 적(경험)이 있다
たべる 먹다 たべた 먹었다	たべた ことが ある 먹은 적이 있다
いく 가다 いった 갔다	いった ことが ある 간 적이 있다
のむ 마시다 のんだ 마셨다	のんだ ことが ある 마신 적이 있다
する 하다 した 했다	した ことが ある 한 적이 있다
くる 오다 きた 왔다	きた ことが ある 온 적이 있다

~해 본 적이 있다	
たべる 먹다 たべて みる 먹어 보다	たべて みた ことが ある 먹어 본 적이 있다
いく 가다 いって みる 가 보다	いって みた ことが ある 가 본 적이 있다
のむ 마시다 のんで みる 마셔 보다	のんで みた ことが ある 마셔 본 적이 있다

형용사 과거 표현

おいし**い**	맛있다
おいし**かった**	맛있었다
おいし**かったです**	맛있었습니다
うま**い**	맛있다
うま**かった**	맛있었다
うま**かったです**	맛있었습니다
おもしろ**い**	재미있다
おもしろ**かった**	재미있었다
おもしろ**かったです**	재미있었습니다

낱말익히기

- ~たち ~들(복수)
- ソウルランド(seoulland) 서울랜드
- いっしょに 함께
- 料理(りょうり) 요리
- とても 매우, 아주
- おいしい 맛있다
- 映画(えいが) 영화
- まだ 아직
- 寿司(すし) 스시, 초밥
- うまい 맛있다
- ディズニーランド(disneyland) 디즈니랜드
- すごく 굉장히, 매우
- 何回(なんかい) 몇 번
- 一回(いっかい) 한 번

ディズニーランド

ジャングルクルーズ

カリブの海賊

城

ウエスタンリバー鉄道

バイキング

풀어 봅시다

Ⅰ. 다음 동사들에 「～たことがあります」를 붙여 말해 보세요.

1) する　(하다)　➡ _____

2) かく　(쓰다)　➡ _____

3) のむ　(마시다)　➡ _____

4) いく　(가다)　➡ _____

5) かう　(사다)　➡ _____

6) みる　(보다)　➡ _____

7) たべる　(먹다)　➡ _____

Ⅱ. 다음 그림과 문장이 서로 어울리는 것끼리 선으로 잇고 말해 보세요.

a
　　このゲームを
　　してみたことある？

b
　りょうり　つく
　料理を作ってみたこと
　　ある？

c
　　どうぶつえん
　　動物園に
　い
　行ったことある？

Ⅲ. 다음 그림을 보고 우리말을 일본어로 말해 보세요.

1)

나는 동물원에 간 적이 있습니다.
엄마, 아빠랑 함께 갔습니다.

2)

나는 서울랜드에 간 적이 있습니다. 친구와 함께 갔습니다.

3)

나는 일본에 간 적이 있습니다.
선생님과 함께 갔습니다.

4)

나는 (   )에 간 적이 있습니다.
(   )와 함께 갔습니다.

16 日本語ができます。
<ruby>日本語<rt>に ほん ご</rt></ruby>ができます。

일본어를 할 줄 알아요.

日本語できる？
<ruby>日本語<rt>に ほん ご</rt></ruby>できる？

일본어 할 줄 아니?

できるよ。

할 수 있어.

즐거운
회화

1

えいご　はな
英語が話せますか。

영어를 말할 수 있어요?

はな
はい、話せますよ。

예, 말할 수 있어요.

2

すいえい
水泳ができるの？

수영할 줄 아니?

できるわよ。

할 줄 알아.

3

あそ
ここで、遊んでもいい
ですか。

여기에서 놀아도 되나요?

いいとも。

물론이지.

즐거운
회화

4

 日本語が読めますね。

일본어를 읽을 수 있지요?

 はい、読めます。

예, 읽을 수 있습니다.

 むずかしくないですか。

어렵지 않습니까?

 けっこうおもしろいですよ。

아주 재미있어요.

5

 自転車にのれる？

자전거 탈 줄 아니?

 のれない。

탈 줄 몰라

 ぼくが教えてあげる。

내가 가르쳐 줄게.

 わあ！うれしい！

와! 잘됐다!

동사의 가능 표현1

동사 + ことが できる ~할 수 있다

みる	보다
みる ことが できる	볼 수 있다
たべる	먹다
たべる ことが できる	먹을 수 있다
のむ	마시다
のむ ことが できる	마실 수 있다
する	하다
できる	할 수 있다

「できる」의 부정 표현

できる	할 수 있다
できない	할 수 없다
できません	할 수 없습니다

동사의 가능 표현2

みる	보다
みられる	볼 수 있다

たべる	먹다
たべられる	먹을 수 있다
いう	말하다
いえる	말할 수 있다
およぐ	수영하다
およげる	수영할 수 있다
はなす	이야기하다
はなせる	이야기할 수 있다
よむ	읽다
よめる	읽을 수 있다
のる	타다
のれる	탈 수 있다

～て あげる ～해 주다

かう	사다
かって あげる	사 주다
かって あげます	사 줍니다
おしえる	가르치다
おしえて あげる	가르쳐 주다
おしえて あげます	가르쳐 줍니다
する	하다
して あげる	해 주다
して あげます	해 줍니다

～ても いいですか ～해도 됩니까?

かう	사다
かっても いいですか	사도 됩니까?
あそぶ	놀다
あそんでも いいですか	놀아도 됩니까?
およぐ	수영하다
およいでも いいですか	수영해도 됩니까?
たべる	먹다
たべても いいですか	먹어도 됩니까?
する	하다
しても いいですか	해도 됩니까?

낱말익히기

- 水泳(すいえい) 수영
- いいとも 좋고말고
- むずかしい 어렵다
- じてんしゃ 자전거
- うれしい 기쁘다, 좋다

Ⅰ. 다음 그림과 문장이 서로 어울리는 것끼리 선으로 잇고 말해 보세요.

a

• にほんごが　はなせます。

b

• えいごが　はなせます。

c

• じてんしゃにのれます。

d

• テレビを　みても
　いいです。

Ⅱ. 다음 동사들을 가능 표현으로 만들어 말해 보세요.

1) みる　　(보다)　➡

2) たべる　(먹다)　➡

3) かく　　(쓰다)　➡

4) のむ　　(마시다)　➡

5) いく　　(가다)　➡

6) かう　　(사다)　➡

7) する　　(하다)　➡

Ⅲ. 다음 그림 카드를 보고 내가 할 수 있는 것을 말해 보세요.

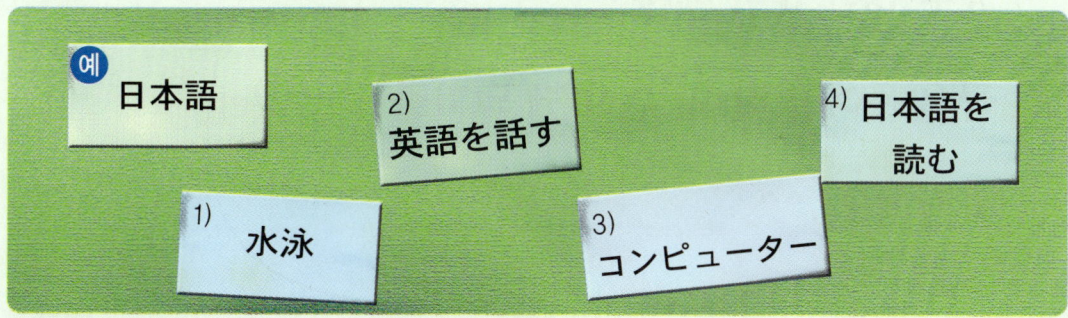

예　日本語

2) 英語を話す

4) 日本語を読む

1) 水泳

3) コンピューター

예　わたしは＿＿＿＿＿日本語が＿＿＿＿＿できます。

1) わたしは

2) わたしは

3) わたしは

4) わたしは

여러분, 너무 열심히 하셨어요!

공부 많이 많이 해서

꼭 일본어를 잘 할 수 있게 되기를

바랄게요..^^

정답 및 모범 답안

Ⅰ. 그림과 어울리는 인사말 고르기

1) ⓒ

2) ⓓ

3) ⓔ

4) ⓐ

5) ⓑ

Ⅱ. 그림과 어울리는 인사말 하기

1) おはよう！

2) 先生、おはようございます！

3) こんばんは！

Ⅲ. 어울리는 것끼리 선 긋고 말하기

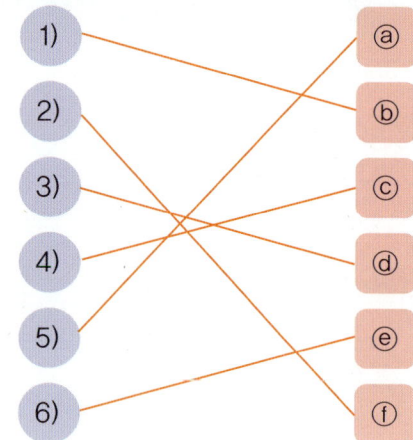

Ⅰ. 나라 이름 쓰고 말하기

1) ちゅうごく(중국)

2) かんこく(대한민국)

3) インド(인도)

4) にほん(일본)

Ⅱ. 그림을 보고 빈칸 채워 말하기

1) イーさんは 韓国人(かんこくじん)です。(이 씨는 한국인입니다.)

2) チンさんは 中国人(ちゅうごくじん)です。(친 씨는 중국인입니다.)

3) 田中さんは 日本人(にほんじん)です。(다나카 씨는 일본인입니다.)

4) ベキーさんは イギリス人(じん)です。(베키 씨는 영국인입니다.)

5) スミスさんは アメリカ人(じん)です。(스미스 씨는 미국인입니다.)

Ⅲ. 빈칸 채워 말하기(모범 답안)

1) イー・ジヘです／おねがいします

2) イー・ジンスです／こちらこそ

Ⅰ. 그림의 이름 말하기

1) 本(ほん) 책
2) テレビ 텔레비전
3) コンピューター 컴퓨터
4) えんぴつ 연필

Ⅱ. 빈칸 채워 말하기

1) A : これは なんですか。
   B : それはつくえです。

2) A : それはだれのいすですか。
   B : これはわたしのいすです。

3) A : あれはだれのですか。
   B : あれはスミスさんのです。

4) A : あなたのカバンはどれですか。
   B : わたしのカバンはこれです。

Ⅲ. 그림의 대화를 일본어로 말하기

1) A : それは 何(なに)？
   B : これは えんぴつだよ。

2) A : あれは なに？
   B : あれは 花(はな)だよ。

Ⅰ. 그림이 나타내는 직업 말하기

1) 運転手(うんてんしゅ) 운전수
2) 警察官(けいさつかん) 경찰관
3) 先生(せんせい) 선생님
4) 医者(いしゃ) 의사
5) 看護婦(かんごふ) 간호사
6) スチュワーデス 스튜어디스
7) ピアニスト 피아니스트
8) 軍人(ぐんじん) 군인
9) 農夫(のうふ) 농부

Ⅱ. 한자 읽기

1) お父(とう)さん
2) お母(かあ)さん
3) お兄(にい)さん
4) お姉(ねえ)さん

Ⅲ. 자기 가족 소개하기(모범 답안)

私(わたし)の家族(かぞく)は、祖父(そふ)、祖母(そぼ)、父(ちち)、母(はは)、兄(あに)、姉(あね)、妹(いもうと)、弟(おとうと)、そして私(わたし)です。
(나의 가족은, 할아버지, 할머니, 아버지, 어머니, 형〈오빠〉, 누나〈언니〉, 여동생, 남동생, 그리고 저입니다.)

父(ちち)は警察官(けいさつかん)です。(아버지는 경찰관입니다.)

母(はは)は看護婦(かんごふ)です。(어머니는 간호사입니다.)

兄(あに)は医者(いしゃ)です。(형〈오빠〉은 의사입니다.)

姉(あね)と私(わたし)は大学生(だいがくせい)です。(누나〈언니〉와 나는 대학생입니다.)

妹(いもうと)と弟(おとうと)は学生(がくせい)です。(여동생과 남동생은 학생입니다.)

5과

Ⅰ. 아빠와 엄마 그리고 나의 생일 말하기
　(모범 답안)

　　1) 父の誕生日は 9 月10日です。
　　　（아버지의 생신은 9월 10일입니다.）
　　2) 母の誕生日は 4 月 8 日です。
　　　（어머니의 생신은 4월 8일입니다.）
　　3) 私の誕生日は12月24日です。
　　　（나의 생일은 12월 24일입니다.）

Ⅱ. 빈 곳 채우기

　　1) 月曜日／火曜日／목요일／수요일／
　　　金曜日／土曜日／日曜日

　　2) 1일／ようか／10일／じゅうよっか／
　　　はつか

Ⅲ. 달력을 보고 질문에 답하기

　　1) 今日は 4 月 2 日です。
　　　（오늘은 4월 2일입니다.）
　　2) 昨日は 9 月 1 4 日でした。
　　　（어제는 9월 14일이었습니다.）
　　3) 明日は 7 月20日です。
　　　（내일은 7월 20일입니다.）

6과

Ⅰ. 그림과 어울리는 단어 고르기

　　1) 父は母より三つうえです。
　　　（아빠는 엄마보다 세 살 위입니다.）
　　2) 私は友達より力がつよいです。
　　　（나는 친구보다 힘이 셉니다.）
　　3) 犬はひよこよりおおきいです。
　　　（개는 병아리보다 큽니다.）

Ⅱ. 문장과 어울리는 그림 고르기

　　1) ×　　　2) ×　　　3) ○

Ⅲ. 그림을 보고 빈칸 채워 말하기

　　1) ばらの花は赤い色です。
　　　（장미꽃은 빨강색입니다.）
　　2) ひよこは黄色い色です。
　　　（병아리는 노랑색입니다.）

　　3) 私のかみは黒い色です。
　　　（나의 머리카락은 검은색입니다.）
　　4) 空は青い色です。（하늘은 파란색입니다.）
　　5) 雪は白い色です。（눈은 흰색입니다.）

67쪽 게임 정답 펭귄이네요.^^

Ⅰ. 그림과 어울리는 단어 고르기

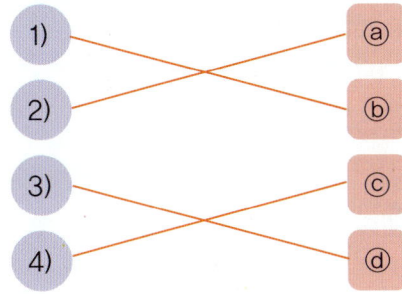

Ⅱ. 자신의 상황을 선택해서 말하기

1) 나의 학교는 (멉니다/가깝습니다).

2) 선생님은 (상냥합니다/무섭습니다).

3) 일본어 공부는 (어렵습니다/재미있습니다).

Ⅲ. 어울리는 것끼리 선 긋고 말하기

1) あまり、遠くありません。
   (그다지 멀지 않습니다.)

2) とてもおもしろいです。
   (아주 재미있습니다.)
   또는
   とてもやさしいです。
   (아주 쉽습니다.)

3) あしたは忙しくないです。

   あしたは忙しくありません。
   (내일은 바쁘지 않습니다.)

Ⅰ. 그림과 어울리는 문장 고르기

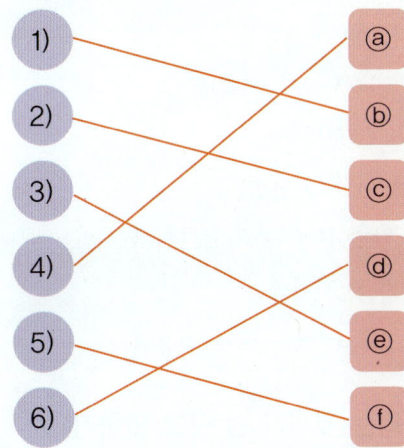

Ⅱ. 그림과 어울리는 문장 만들기(모범 답안)

1) 今は夏です。暑いです。
   (지금은 여름입니다. 덥습니다.)

2) 今は秋です。涼しいです。
   (지금은 가을입니다. 서늘합니다.)

3) 今は冬です。寒いです。
   (지금은 겨울입니다. 춥습니다.)

Ⅲ. 우리말을 일본어로 말하기(모범 답안)

1) 日本は近くても遠い国です。

2) 日本は近くて親しい国です。

9과

I. 그림과 어울리는 문장 완성하기

1) 私は_{わたし}サッカーが一番好_{いちばん す}きです。
2) 私は_{わたし}水泳_{すいえい}が一番好_{いちばん す}きです。
3) 私は_{わたし}歌_{うた}が一番好_{いちばん す}きです。

II. 좋거나 싫은 것 말하기(모범 답안)

1) 私は_{わたし}バナナが好_すきです。
   私は_{わたし}ぶどうがきらいです。
2) 私は_{わたし}ねこが一番好_{いちばん す}きです。
   私は_{わたし}犬_{いぬ}が好_すきです。
3) 私は_{わたし}アイスクリームが一番好_{いちばん す}きです。
   私は_{わたし}ピザが好_すきです。

III. 그림과 어울리는 취미 말하기

1) 私の_{わたし}趣味_{しゅ み}はスケートです。
   (나의 취미는 스케이트입니다.)
2) 私の_{わたし}趣味_{しゅ み}はやきゅうです。
   (나의 취미는 야구입니다.)
3) 私の_{わたし}趣味_{しゅ み}はえいがかんしょうです。
   (나의 취미는 영화감상입니다.)
4) 私の_{わたし}趣味_{しゅ み}は音楽_{おんがく}かんしょうです。
   (나의 취미는 음악감상입니다.)
5) 私の_{わたし}趣味_{しゅ み}はテニスです。
   (나의 취미는 테니스입니다.)
6) 私の_{わたし}趣味_{しゅ み}はバスケットボールです。
   (나의 취미는 농구입니다.)

10과

I. 그림과 어울리는 문장 고르기

1) 의자 위에 가방이 있습니다. (×)
2) 나는 형(오빠)이 두 명 있습니다. (×)
3) 책과 연필이 있습니다. (○)
4) 우리는 여섯 식구입니다. (○)
5) 책상 위에 휴대폰이 있습니다. (○)

II. 그림의 단어 말하기

1) カバン(가방)
2) 電話_{でん わ}(전화)
3) 写真_{しゃしん}(사진)
4) けいたいでんわ(휴대전화, 핸드폰)
5) 絵本_{え ほん}(그림책) 또는 本_{ほん}(책)
6) 犬_{いぬ}(개)
7) ハンバーガー(햄버거)
8) ねこ(고양이)
9) えんぴつ(연필)
10) サンドイッチ(샌드위치)
11) カメラ(카메라)
12) コンピューター(컴퓨터)

III. 어울리는 것끼리 선 긋고 말하기

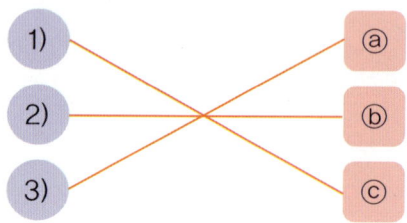

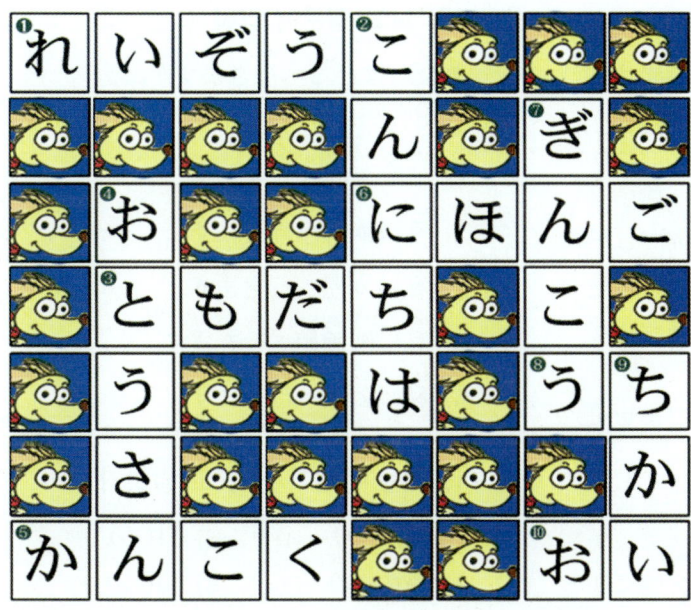

11과

Ⅰ. 동사의 종류 구분하기

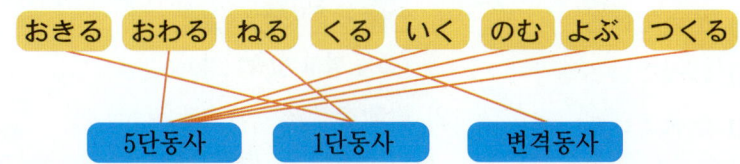

おきる おわる ねる くる いく のむ よぶ つくる

5단동사   1단동사   변격동사

Ⅱ. 나의 하루 말하기(모범 답안)

1) 私は朝、6時に起きます。
2) 7時に朝ご飯を食べます。
3) 授業は9時から3時までです。
4) 4時に家に帰ります。
5) 6時までテレビを見ます。
   6時まで本をよみます。
6) 10時に寝ます。

Ⅲ. 바른 순서를 정하고 말해 보기(모범 답안)

순서 3) → 1) → 2) → 4)

3) 7時に起きます。

1) 7時30分に朝ご飯を食べます。

2) 4時に授業がおわります。

4) 10時に寝ます。

12과

I. 빈칸 채우고 말하기(동사 활용)

1) おきました／おきません／おきません
   でした
2) おわりました／おわりません／おわり
   ませんでした
3) ねました／ねません／ねませんでした
4) きました／きません／きませんでした
5) いきました／いきません／いきません
   でした
6) よびました／よびません／よびません
   でした
7) のみました／のみません／のみません
   でした
8) つくりました／つくりません／つくり
   ませんでした

II. 그림 보고 질문에 답하기

あなたはどこへ行きますか。
(당신은 어디에 갑니까?)

1) 私は銀行へ行きます。
2) 私は病院へ行きます。
3) 私は本屋へ行きます。
4) 私は映画館へ行きます。
5) 私は公園へ行きます。

III. 어울리는 것끼지 선 긋고 말하기

1) 髪(かみ)　　2) 目(め)

3) 鼻(はな)　　4) 口(くち)

5) 耳(みみ)

13과

I. 동사의「～ている」형 만들기

1) している　　2) かいている

3) よんでいる　4) いっている

5) つくっている　6) たべている

7) みている

II. 그림과 어울리는 문장 고르기

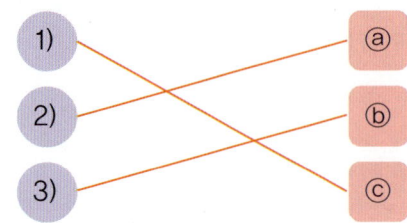

III. 그림과 어울리는 문장 만들기(모범 답안)

1) ご飯を食べています。
   (밥을 먹고 있습니다.)
2) 新聞を読んでいます。
   (신문을 읽고 있습니다.)
3) 電話をしています。 또는
   買い物をしています。
   (전화를 하고 있습니다. 또는
   쇼핑을 하고 있습니다.)
4) 勉強をしています。
   (공부를 하고 있습니다.)
5) コンピューターをしています。
   (컴퓨터를 하고 있습니다)
6) 仕事をしています。
   (일을 하고 있습니다)

Ⅰ. 동사의 「～たい」형 만들기

1) したい
2) かきたい
3) のみたい
4) いきたい
5) かいたい
6) みたい
7) たべたい

Ⅱ. 그림과 어울리는 문장 고르기

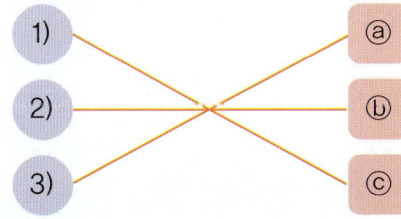

Ⅲ. 그림과 어울리는 문장 완성하기

私は将来～になりたいです。

1) 私は将来、歌手になりたいです。
2) 私は将来、サッカーの選手になりたいです。
3) 私は将来、野球選手になりたいです。
4) 私は将来、パイロットになりたいです。
5) 私は将来、先生になりたいです。
6) 私は将来、医者になりたいです。
7) 私は将来、看護婦になりたいです。
8) 私は将来、ピアニストになりたいです。
9) 私は将来、スチュワーデスになりたいです。

Ⅰ. 동사의 「～たことがあります」형 만들기

1) したことがあります
2) かいたことがあります
3) のんだことがあります
4) いったことがあります
5) かったことがあります
6) みたことがあります
7) たべたことがあります

Ⅱ. 그림과 어울리는 문장 고르기

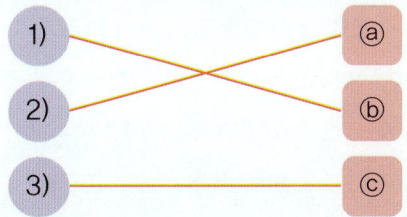

Ⅲ. 우리말을 일본어로 바꿔 말하기

1) 私は動物園に行ったことがあります。
母と父といっしょに行きました。

2) 私はソウルランドに行ってみたことがあります。友達といっしょに行きました。

15과

3) 私は日本に行ったことがあります。
先生といっしょに行きました。

4) 私は(中国)に行ったことがあります。
(家族)といっしょに行きました。

16과

Ⅰ. 그림과 어울리는 문장 고르기

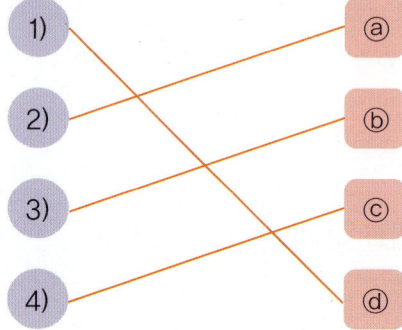

16과

Ⅱ. 동사의 가능표현 만들기

1) みることができる／みられる

2) たべることができる／たべられる

3) かくことができる／かける

4) のむことができる／のめる

5) いくことができる／いける

6) かうことができる／かえる

7) することができる／できる

Ⅲ. 카드를 이용해 문장 완성하기

私は日本語ができます。

1) 私は水泳ができます。

2) 私は英語が話せます。

3) 私はコンピューターができます。

4) 私は日本語が読めます。

あ 	い 
あい　　　　사랑	いえ　　　　집
う 	え 
うえ　　　　위	え　　　　그림
お 	か 
おい　　　남자 조카	かお　　　　얼굴
き 	く 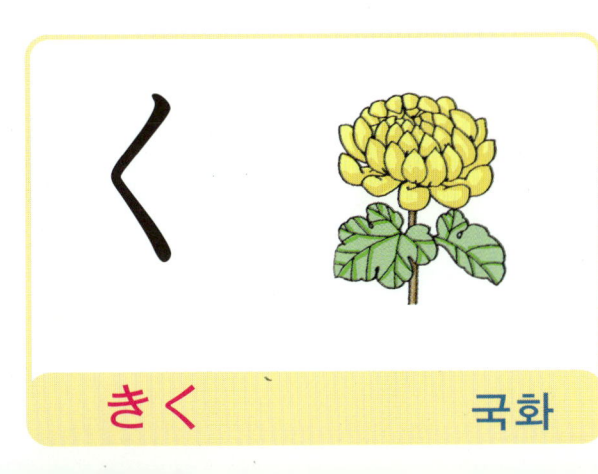
かき　　　　감	きく　　　　국화

イ
이[i]

イヤリング　귀걸이

ア
아[a]

アイス　아이스

エ
에[e]

エアコン　에어콘

ウ
우[u]

ウルトラマン　울트라맨

カ
카[ka]

カメラ　카메라

オ
오[o]

オムレツ　오믈렛

ク
쿠[ku]

クリスマス　크리스마스

キ
키[ki]

スキー　스키

け

いけ　　　연못

こ

こえ　　　목소리

さ

あさ　　　아침

し

いし　　　돌

す

すし　　　초밥

せ

せき　　　자리

そ

うそ　　　거짓말

た

たこ　　　문어

コ
코[ko]

コアラ　　コ알라

ケ
케[ke]

ケーキ　　케이크

シ
시[shi]

シーソー　　시소

サ
사[sa]

サラダ　　샐러드

セ
세[se]

セーター　　스웨터

ス
스[su]

スカート　　스커트

タ
타[ta]

タオル　　타올

ソ
소[so]

ソウル　　서울

ち 	つ 
くち　　　　　입	つくえ　　　책상
て 	と 
ちかてつ　　지하철	とし　　　　나이
な 	に 
なし　　　　배	あに　　형, 오빠
ぬ 	ね 
いぬ　　　　개	ねこ　　　고양이

ツ
츠[chu]

ツアー 투어

チ
치[chi]

チキン 치킨

ト
토[to]

トマト 토마토

テ
테[te]

テレビ 텔레비전

ニ
니[ni]

テニス 테니스

ナ
나[na]

バナナ 바나나

ネ
네[ne]

ネクタイ 넥타이

ヌ
누[nu]

カヌー 카누

の
きのこ　　　버섯

は
はな　　　꽃

ひ
ひと　　　사람

ふ
ふね　　　배

へ
へそ　　　배꼽

ほ
ほし　　　별

ま
うま　　　말

み
うみ　　　바다

ハ
하[ha]
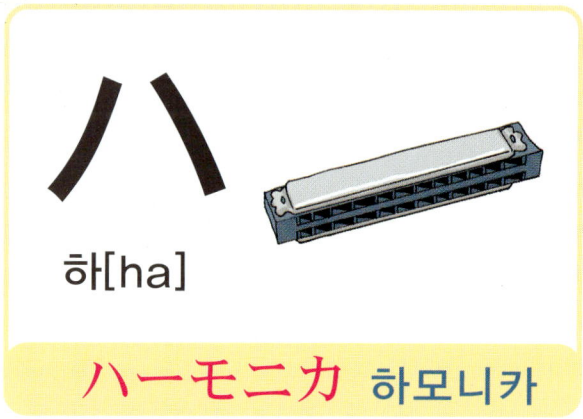
ハーモニカ　하모니카

ノ
노[no]

ノート　　　노트

フ
후[hu]

フラフープ　훌라후프

ヒ
히[hi]

コーヒー　커피

ホ
호[ho]

ホテル　　호텔

ヘ
헤[he]

ヘア　헤어, 머리카락

ミ
미[mi]

ミルク　밀크, 우유

マ
마[ma]

マイク　마이크

む  **むし** 벌레	め  **あめ** 비
も  **もち** 떡	や  **やま** 산
ゆ  **ゆき** 눈	よ  **よやく** 예약
ら  **そら** 하늘	り  **りす** 다람쥐

メ
메[me]

メロン　멜론

ム
무[mu]

ホームラン　홈런

ヤ
야[ya]

ダイヤモンド　다이아몬드

モ
모[mo]

モノレール　모노레일

ヨ
요[yo]

ヨガ　요가

ユ
유[yu]

ユニホーム　유니폼

リ
리[ri]

リボン　리본

ラ
라[ra]

ラジオ　라디오

る		れ	
くるま 자동차		**れんこん** 연근	

ろ		わ	
いろ 색깔		**わたし** 나, 저	

を		ん	
조사로만 쓰임(~을/~를)		**きん** 금	

あ	か	さ	た	な	は	ま	や	ら	わ
[a]	[ka]	[sa]	[ta]	[na]	[ha]	[ma]	[ya]	[ra]	[wa]
い	き	し	ち	に	ひ	み		り	
[i]	[ki]	[shi]	[chi]	[ni]	[hi]	[mi]		[ri]	
う	く	す	つ	ぬ	ふ	む	ゆ	る	を
[u]	[ku]	[su]	[chu]	[nu]	[hu]	[mu]	[yu]	[ru]	[wo]
え	け	せ	て	ね	へ	め		れ	
[e]	[ke]	[se]	[te]	[ne]	[he]	[me]		[re]	
お	こ	そ	と	の	ほ	も	よ	ろ	ん
[o]	[ko]	[so]	[to]	[no]	[ho]	[mo]	[yo]	[ro]	[ŋ]

ア	カ	サ	タ	ナ	ハ	マ	ヤ	ラ	ワ
[a]	[ka]	[sa]	[ta]	[na]	[ha]	[ma]	[ya]	[ra]	[wa]
イ	キ	シ	チ	ニ	ヒ	ミ		リ	
[i]	[ki]	[shi]	[chi]	[ni]	[hi]	[mi]		[ri]	
ウ	ク	ス	ツ	ヌ	フ	ム	ユ	ル	ヲ
[u]	[ku]	[su]	[chu]	[nu]	[hu]	[mu]	[yu]	[ru]	[wo]
エ	ケ	セ	テ	ネ	ヘ	メ		レ	
[e]	[ke]	[se]	[te]	[ne]	[he]	[me]		[re]	
オ	コ	ソ	ト	ノ	ホ	モ	ヨ	ロ	ン
[o]	[ko]	[so]	[to]	[no]	[ho]	[mo]	[yo]	[ro]	[ŋ]

レ
레[re]

レモン　　레몬

ル
루[ru]

ルーム　　룸

ワ
와[wa]

ワルツ　　왈츠

ロ
로[ro]

ロープ　　로프

ン
응[ŋ]

ピーマン　　피망

ヲ
오[wo]

조사로만 쓰임(～을/～를)

カタカナ
가타카나

ひらがな
히라가나

외국어 출판 40년의 신뢰
외국어 전문 출판 그룹
동양북스가 만드는 책은 다릅니다.

40년의 쉼 없는 노력과 도전으로 책 만들기에 최선을 다해온 동양북스는
오늘도 미래의 가치에 투자하고 있습니다.
대한민국의 내일을 생각하는 두전 정신과 믿음으로 최선을 다하겠습니다.

동양북스

📖 동양북스 추천 교재

일본어 교재의 최강자, 동양북스 추천 교재

회화 코스북

일본어뱅크 다이스키
STEP 1·2·3·4·5·6·7·8

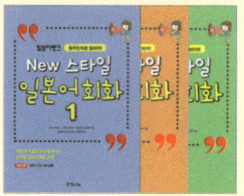

일본어뱅크
New 스타일 일본어 회화
1·2·3

일본어뱅크 도모다찌
STEP 1·2·3

분야서

일본어뱅크
NEW 스타일 일본어 문법

일본어뱅크
일본어 작문 초급

일본어뱅크
사진과 함께하는
일본 문화

일본어뱅크
항공 서비스 일본어

가장 쉬운 독학
일본어 현지회화

수험서

일취월장 JPT
독해·청해

일취월장 JPT
실전 모의고사 500·700

新일본어능력시험
실전적중 문제집 문자·어휘 N1·N2
실전적중 문제집 문법 N1·N2

新일본어능력시험
실전적중 문제집 독해 N1·N2
실전적중 문제집 청해 N1·N2

단어·한자

新버전업
일본어 한자 암기박사

일본어 상용한자 2136
이거 하나면 끝!

일본어뱅크
New 스타일 일본어 한자 1·2

가장 쉬운 독학
일본어 단어장

중국어 교재의 최강자, 동양북스 추천 교재

중국어뱅크 북경대학 한어구어
1·2·3·4·5·6

중국어뱅크 스마트중국어
STEP 1·2·3·4

중국어뱅크 뉴스타일중국어
STEP 1·2

중국어뱅크
문화중국어 1·2

중국어뱅크
관광 중국어 1·2

중국어뱅크
여행 중국어

중국어뱅크
호텔 중국어

중국어뱅크
판매 중국어

중국어뱅크
항공 서비스 중국어

중국어뱅크
의료관광 중국어

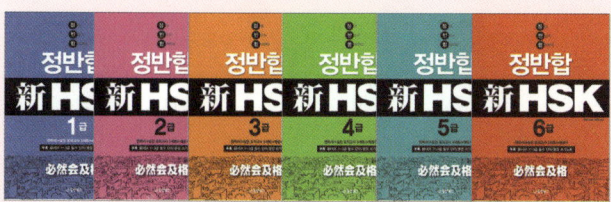

정반합 新HSK
1급·2급·3급·4급·5급·6급

버전업! 新HSK 한 권이면 끝
3급·4급·5급·6급

버전업! 新HSK VOCA 5급·6급

가장 쉬운 독학 중국어 단어장

중국어뱅크
중국어 간체자 1000

新버전업
중국어 한자 암기박사

동양북스 추천 교재

기타외국어 교재의 최강자, 동양북스 추천 교재

중고급 학습

첫걸음 끝내고 보는
프랑스어
중고급의 모든 것

첫걸음 끝내고 보는
스페인어
중고급의 모든 것

첫걸음 끝내고 보는
독일어
중고급의 모든 것

첫걸음 끝내고 보는
태국어
중고급의 모든 것

단어장

버전업! 가장 쉬운
프랑스어 단어장

버전업! 가장 쉬운
스페인어 단어장

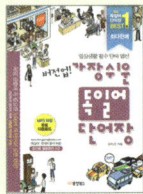
버전업! 가장 쉬운
독일어 단어장

여행 회화

NEW 후다닥
여행 중국어

NEW 후다닥
여행 일본어

NEW 후다닥
여행 영어

NEW 후다닥
여행 독일어

NEW 후다닥
여행 프랑스어

NEW 후다닥
여행 스페인어

NEW 후다닥
여행 베트남어

NEW 후다닥
여행 태국어

수험서 · 교재

한 권으로 끝내는 DELE
어휘 · 쓰기 · 관용구편 (B2~C1)

수능 기초 베트남어
한 권이면 끝!

버전업! 스마트 프랑스어